やっぱり 外資系！がいい人の
必勝 転職 A to Z

グローバル・キャリア・カウンセラー
鈴木美加子

青春出版社

はじめに
――2人に1人が人生に一度は転職する時代を迎えて

　今、社会が大きく変化しています。終身雇用が前提だった日本でも、人生の途中で転職する人が2人に1人と言われる時代になりました。

　転職を考えている方のなかには、選択肢の1つとして「外資系企業」に興味をもっている方も多いでしょう。ただ、同時に**「外資系はすぐクビになるのでは？」というイメージ**を抱いて尻込みしている方も少なくないようです。

　詳しくは本文で触れますが**これは「誤解」**です。もし、それで一歩を踏み出せずにいるとしたら残念に思います。
　私はこのような外資系への誤ったイメージを解いて転職希望者の背中を押したい、という思いから本書を書くことにしました。

　将来を考えて「いまの会社に勤めつづけていいのかな？」と不安に駆られるか、「今こそチャンス！」と考えるか。

「この会社に生涯、しがみつかないといけない」という想いには、閉塞感があります。社内でどんなことが起きても、運命共同体として我慢しなければならないからです。

　一方、「何かあったらほかの会社で新しい人生を築けばいい」と割り切れると、将来を案じて時間をムダにすることなく、目の前の仕事に注力し、将来のために自分のスキルや経験値を上げることができます。

　私は大学卒業後、日本GE株式会社に入社して人事部に配属となり、「人事」のキャリアをスタートさせました。
　その後、計8回の転職をしましたが、**すべての勤務先が「外資系」**です。
　25年間の会社員人生で、外資系企業の立ち上げ・成長期・成熟期のすべてを経験。業界ごとに仕事のスピード感が異なること、企業の規模や成熟度によっても文化が違うことなどを学びました。
　最終的に「人事本部長」の役職に就いたのも、大きな経験の1つです。
　2014年に独立し、株式会社AT Globeを立ち上げました。そこで「会社員に求められるスキルと、起業家に求められるスキルは異なる」と理解したことは、現在、会社勤めをしな

がらも、いずれ起業したいと考えている方からのキャリア相談を受ける際に役立っています。

　AT Globeでは、個人向けにはルミナスパークという診断ツールを使ってキャリア・カウンセリングをおこなっています。

　また、企業向けにはグローバル・コミュニケーション、異文化、リーダーシップ、多様性理解などの研修を実施しています。

　会社員時代、累計１万人以上の採用面接をおこない、また悩める同僚たちのキャリア相談を重ねるなかで**「外資系企業に向いている人材とは？」**という問いに何度もぶつかりました。

　答えは、まず前提として「外資で働く"資質"をもった人物であること」。かつ、いわゆる「合う／合わない」（企業との相性）もあるので「輝いて働ける企業は人によってまったく異なる」ということです。

　そして、この事実を多くの方にお伝えしたいと強く願うようになりました。というのも、過去に私自身、自分に不向きの職場を選んで後悔したことがあるからです。

はじめに

本書では、**外資系に転職して活躍できる人とそうではない人はどう違うのか**を、人事ならではの目線で説明していきます。
　外資系に勤めるメリットとデメリットにも触れていますので、転職を考えている方は、ご自身が外資系に向いているかどうかを見極める参考にしてみてください。

　いざチャレンジを決めたら、英文履歴書を用意し、面接試験の準備をおこないましょう。**書類審査で勝ち残る英文履歴書の作り方**は４章で、**受かる面接の勝ちパターン**については５章で、徹底解説しています。

　転職を希望される方が、自分に合った職場を選び、輝いて仕事ができる一助になれば幸いです。

やっぱり外資系！がいい人の
必勝転職 AtoZ

目次

はじめに
――2人に1人が人生に一度は転職する時代を迎えて ……… 3

1章
転職活動を始める前に…
「外資系転職」の利点とリスクを知っておく

🏃 外資系企業で働く利点――実力次第で夢の国 ……… 16
- さよなら年功序列。出世は個人の業績次第！　16
- 20代社員も大きなプロジェクトを担当　18
- 職場の人間関係は流動的。長年苦しむケースは少ない　21
- 人づきあいはドライ。仕事が終われば"ただの同僚"　22
- 生産性を最優先。6時間以上のフライトはビジネスクラス　24

🏃 外資系企業に転職するリスクやデメリット ……… 27
- すぐにクビにはならないが、終身雇用の保証はない　27
- 生殺権がある直属上司との人間関係に気をつける　31
- 外資系は実力主義、コネ採用はない　34
- 逃げの転職は成功しない　36
- 転職活動は会社を辞めてから？　働きながら？　40
- 外資系では最終決定権が「本社」にある　43

2章

マッチする求人情報との出合い方

転職活動の始め方
——キャリアの棚卸しと求人を探す場所 …… 48
- 転職先探しは、何からスタートするのが良いか？ 48
- ここって日本企業？ それとも外資系？ その見分け方 55

企業分析で押さえておくべきポイント …… 59
- 外資系企業はどんな雰囲気？ 59
- 年収、昇進、異動。日本企業とはどう違う？ 65
- 外資系で活躍している人の共通点 68
- 採用時、年齢・性別は基本的に問わない、ただし… 72
- 問われる英語力は、ポジションによって大きく変わる 77

その会社「ならでは」の価値観がある
——企業文化の探り方 …… 82
- 企業文化は、会社の「規模」によって変わる 82
- 企業文化は、会社の「成熟度」によっても変わる 87
- 企業の求める「スピード感」は、意外な盲点 92
- 自分のポジションが置かれた状況を把握する 96

3章

自分は「外資系」に合う？
合わない？
徹底セルフチェック！

- 自己分析でチェックしておきたい3つのこと
  ——転職理由、人物面、自分の強み ……………… **100**
  - 転職理由を深掘り——なぜ「今」転職したいのか　100
  - 外資系が求める人材（人物面）　104
  - 自分の強み・弱みを探る　108

- どの価値観を優先させる？
  ——なぜ転職し、なぜ働くのか ……………………… **114**
  - 自分にとっての「働きやすさ」、ここで見極める　114

4章 読まれる英文履歴書の徹底解説

書類選考で勝ち残る！ 英文履歴書の作り方 …… 118
- 応募書類には2種類ある 118
- カバーレターの作成方法とポイント
  ——カバーレターは不要？ 119
- 英文履歴書本体の作成方法とポイント 127

ここを押さえて、採用担当者の印象アップ！ …… 137
- 英文履歴書はどこまで"盛る"？ 137
- 実績は、具体的な数字を挙げる 138
- 各部署の専門用語に要注意 139
- 提出先の企業にあわせて英文履歴書をカスタマイズ 140

書類選考の裏ワザ
——こまかいけれど実は重要なポイント …… 142
- 書体と文字の大きさ。ベストなのは、これ！ 142
- 履歴書をネイティブに書いてもらってもいい？ 143
- 書類選考で落ちても一喜一憂しない 145

1万人の面接を通してわかった、受かる面接の勝ちパターン

🏃 さあ面接！ 準備しておきたいのは、こんなこと ……148
- 自分の精神状態をチェックしておこう　148
- 服装など、外資系ならではのマナーはある？　151

🏃 人事担当者はここを見ている！ ……153
- 感じの悪い人でないかどうか　153
- 英語に不慣れだとわかる、アイコンタクトの薄さ　154
- 英語力を疑われる「うなずきすぎ」　155
- 人事の直感——2人以上が「ピンとこない」なら不採用　156

🏃 面接官に聞かれる、よくある質問トップ5 ……158
- No.1:「現在、転職を考えている理由は何ですか？」　158
- No.2:「現在の仕事の内容を教えてください」　159
- No.3:「長所と短所を教えてください」　161
- No.4:「あなたは5年後、どうなっていたいですか？」　162
- No.5:「ほかの会社との採用面接の進捗は、どうなっていますか？」　163

採用面接、もうひと押し！ ……164
- 面接官へのアピールは、「志望動機の熱さ」が肝心　164
- 踏み込んだ質問にどう答えるか？　166
- 面接官が日本人であっても、英語で面接　167
- 給与交渉をしたい場合、いつする？　169
- 福利厚生について聞きたいときは、いつ確認する？　171

面接後に気をつけたいポイント ……172
- 熱意を示すお礼メールはすぐ出す　172
- 面接でこの質問が出たら、みずから断る勇気を　173
- ご縁は不思議。落ちてラッキーな面接もある　174

内定が出たら
——退職・転職への心構え

内定から入社までの流れ
——オファーへの返事、円満退社、そして新たな職場で … 178
- オファーをいつまで保留できるか？　178
- 円満退社に向けて、上手な引き継ぎを　180
- 転職先で歓迎され、本来の力を発揮するために　181

- Column
    1 VIP来日時のおもてなし 46
    2 英語はやる気と工夫次第 81
    3 外資なら転職経験が多くあっても大丈夫？ 98
    4 「外資系はハッキリ物を言うので怖い」の誤解 157
    5 楽しや海外出張──外資系勤務のうきうきメリット 176

おわりに
──採用面接は大切なお見合いの場です ……………………………… **184**

企画協力……… 松尾昭仁／ネクストサービス株式会社
協力…………… ルミナラーニングジャパン株式会社 (p108～113)
本文デザイン… 浦郷和美
本文DTP …… 森の印刷屋
本文写真……… GaudiLab (p23)、Aerodim (p26)、
　　　　　　　 Pavel L Photo and Video (p62) /Shutterstock.com

1章

転職活動を始める前に…

「外資系転職」の利点とリスクを知っておく

外資系企業で働く利点
―― 実力次第で夢の国

> さよなら年功序列。
> 出世は個人の業績次第!

　外資系企業で働くということ。そこにはどんなメリットとデメリットがあるのでしょうか。まず、外資系での出世は、年齢・性別関係なしに実力で決まります。これは、社員にとって大きな利点といえます。

　日本企業では、まだ年功序列が色濃く残っていて、1つの職に最低3年いないと、次に上がる資格がなかったり、部門推薦で昇進試験を2回までしか受けられなかったりします。

　また、部門の生え抜きでないと、昇進のチャンスがない企業もあり、実力を認めてもらえるまでが長いと感じます。

一方、**外資系は、年齢も性別も一切関係ありません。**

私が米国系証券会社に勤めていた当時、31歳で外為部のMD（Managing Director ＝ 頭取の直属）になった人物を知っています。金融は特殊な業界であり、彼の昇進の早さは特例ですが、その他の外資系でも年齢や性別不問なのは同様。**実績さえ出していれば、誰でも出世できる**ので、日本の企業よりも公平だと感じます。

私自身、最初にマネジャー（課長職に相当）として部下を持ったのは29歳のときでした。また、外資系は日本企業と比べて「年収が高い」と言われることがありますが、実際の給与面でいうと、当時の私の年収は1000万円でした。金銭感覚が麻痺していたのでなんとも思っていませんでしたが、当時の自分の経験値を思うと、高すぎる額です（米系証券という最も収入レベルの高い企業にいたためではありますが、2019年に同じ条件であればもっと高いはずです）。

日本企業はどうかというと、一例ですが「モノづくりのメーカー勤務／35歳／役付き」で、ようやく年収1000万円に達するようです。

役職やお金がすべてではありませんが、**年齢に縛られることなく、「実力」を買ってもらえる職場**を選ぶのもよいでしょう。

20代社員も大きなプロジェクトを担当

　大手の日本企業では、入社1年目の社員には即戦力を期待しない傾向があるようです。

　とくに新卒採用の場合、新入社員にはまず手厚い入社研修をおこない、半年ほど（業界によっては1年間も）勉強の期間を与えます。

　一方、外資はどうかというと、たしかに大手企業であれば入社後3日間ほど、人事部主催で研修があり、会社の歴史や組織の説明をおこない、マナー研修などを経て、その後は配属先の部署での研修が続きます。

　それでも、**「3か月もしたら少しずつ仕事を積極的に覚えて貢献を始めて欲しい」というのが会社の期待**です。つまり、「彼／彼女は新卒だから」と甘えさせたり大目に見たりすることがないわけです。

　一見、厳しく感じますが、「簡単な仕事しかさせてもらえない」といった不満は社員のなかで生まれにくくなります。

　私自身、新卒入社1年目は「崖から突き落とされて、自力

で泳いだ」という状態で働き、たくさん失敗もしました。

　今となっては笑い話ですが、たとえば本社と離れた部署から「"ケアオブ（Care of）"で社内便を使って送って」と言われ、封筒にそのまま、"Care of Sanko Bldg." と書いて送ったことがあります。

　すると、先方から苦笑しながら電話があり、「"Care of" は、日本語の「御中」「様方」にあたる言葉だから、封筒には"c/o Sanko Bldg." と書くの」と教わりました。

　知らないとは恐ろしいことですが、なにせ社会人1年生だったので、何もかもわからなかったのです。毎日が勉強でした。

　そんな新人の私に、あるとき部長が「美加子さん、全社員向けの英語研修を導入したいので、社員のニーズを洗い出し、英語学校を選んで、社内レッスンを回す仕組みを作ってください。質問があったら、その都度言ってください」とおっしゃったのです。

　私にはわからないことだらけでしたし、自分にできるのか不安でしたが、やるしかありませんでした。調べたり、人に聞いたり、部長に質問したりで、なんとか無事にプロジェクトを実行できました。

　その後、部長いわく「美加子さんは帰国子女じゃないのに

英検1級を取ったから、英語の勉強に関する知識があるはず。だからあとは学校選びと仕組み作りでしょ。美加子さんならできると最初から思っていたわよ」。新人に対してやみくもにプロジェクトを投げたのではなく、「やらせれば実行できそうか」を見てくださっていたのです。

　これが外資流です。**上司から見て「できそう」と思ったら、社員の性別・年齢関係なく担当させてみるのです。**
「ストレッチ・ゴール（少し背伸びした目標）」に向かって頑張ることで、社員の経験値は高まりますし、自信も深まります。
　自立性が重んじられる企業文化のなかで育つと、積極的な社員が生まれます。

　とくに優秀な社員は、自分から次のステップ・アップを考え、部をまたぐ面白そうなプロジェクトが出たら、自ら手を挙げることができるようになるのです。外資系では、「若いから」「経験がないから」という理由で、面白そうな仕事をさせてもらえないということはありません。

職場の人間関係は流動的。長年苦しむケースは少ない

2人に1人が転職する時代とはいえ、日本企業はまだまだ離職率が低いため、同じ上司や同僚との付き合いが長年続くことが多いです。

私の友人は、新卒で入った日本企業で、今なら「パワハラ」と言われるような高圧的な上司のもとで10年間働いていました。その後、異動でアメリカ勤務になり、日本に帰国後は元上司のもとに戻らずに済んだので解放されましたが、もし戻っていたらどうなっていたことでしょう。

良くも悪くも、人間関係が固定されがちなのが日本企業の特徴のように思います。

苦手な相手が上司や同僚にいた場合、毎日同じ職場で仕事をしていれば、仕事をするのも嫌になるかもしれません。これは外資系も同じです。

ただ、外資系は転職率が高いので、少し気が楽かもしれません。現在、相性が最悪だと思っているボスも、意地悪に思える同僚も、来年は転職するかもしれないのです。**人間関係が長期間、固定することがない**のが外資系の特徴です。

人づきあいはドライ。
仕事が終われば"ただの同僚"

　外資で働いている人は、**「仕事とプライベートは別。仕事が終わったら、あとは自分の時間」**と考えている人が多いです（企業によって文化も違うため、どのくらい真に"外資らしい"かによっても変わりますが）。

　お祝いやイベントごとで、パーティや飲み会をひらくことはもちろんありますが、基本的に楽しく過ごそうとします。仕事のグチを言い続ける人や、上司・同僚の悪口しか会話のネタがないような人は疎まれます。

　社員がプライベートをオープンにするかどうかも、その人次第。上司が無理に部下の家族構成を聞いたりすることもありません。
　お互いにほどよく距離を置き、ファミリーを求めない感覚を「気が楽」と思うタイプの社員が、外資系には多いのでしょう。

パーティは基本的に楽しく過ごすだけ！（写真はイメージ）

　外資系での人間関係は、どちらかと言えばウエットではなくドライ。「職場には仕事をするために集まっている」と考えている人がほとんどです。

生産性を最優先。
6時間以上のフライトはビジネスクラス

　日本企業と外資系企業、それぞれ価値観の違いが顕著にあらわれるのが、海外出張のフライトのクラスかもしれません。

　日本企業は「コスト」最優先なので、役員未満の社員はエコノミークラスであることが多いようです。

　一方、外資系は、コスト以上に「生産性」を優先します。社員が時差を伴う長時間のフライトをエコノミークラスで過ごし、その疲労で仕事の生産性が落ちるようでは困る、と考えるのです。

　ほとんどの企業で、**マネジャー以上であれば、6時間超のフライトはビジネスクラス**になります。
「疲れていようが気力で頑張れ」という精神論は持ち込まず、あくまで合理主義なのです。

　余談ですが、私はファーストクラスに乗ったことが3回あります。そのうち2回は、私より上位の日本法人社長と同行

したので、彼らと一緒にファーストクラスに乗れました。

　コストを考えれば当時の私はビジネスクラス相当でしたが、移動中も社長の近くの座席にいるほうが、より速やかに仕事を進めることができると考えて、合理性からファーストクラスに乗って同行したのでした。

　また、アメリカ出張中のこと。

　私は熱を出し、予定どおりの帰国がとても無理だったので、上司である社長に、帰国日の変更を頼んだことがあります。

　私が「自分のマイレージを使うので、ファーストクラスで帰らせて欲しい」とメールをすると、「会社の用事で出張しているんだから、自分のマイレージなんか使わなくていい。ファーストクラスにアップグレードして、体調が落ち着いたら帰ってきなさい」と返事をくれました。

　社長はアメリカ人で、文化の違いを感じました。

　外資系は、例外ありの文化なのです。

ビジネスクラスで快適出張(写真はイメージ)

　ここまで見てきたように、**外資系の根本にある考え方は、生産性重視の合理主義**です。"Time is money"(時は金なり)といいますが、お金でムダな時間や労力を買い、生産性を上げるのです。

外資系企業に転職する リスクやデメリット

> **すぐにクビにはならないが、 終身雇用の保証はない**

　外資系といえば「すぐクビになる」イメージが強いようです。日本企業に勤めていて、外資系に非常に興味はあるけれど、「簡単に解雇される気がして、転職の一歩を踏み出せない」方は結構多いです。

「すぐクビになる」という言葉が、「入社して間もなく理由もないのに雇用を打ち切られる」ことを意味しているのであれば、それは誤解です。実際は、そんなにすぐクビにはなりません。

仮に、社員個人の業績が悪い状態が続いた場合、その社員は **PIP（Performance Improvement Plan）という業績改善プログラム**に乗ることになります。

　上司とともに具体的な改善ゴールを設定し、30日後・60日後・90日後に面談します。そこで改善ゴールをクリアできれば何事も起こりません。異動や減給などもなく働くことができます。

　もし、改善できていないという判断が下された場合は、しかるべきプロセスを経て辞めていただくことにはなります（日本では法律上、一方的な労働契約解除はできないことになっていますので、具体的なプロセスについてここで書くことは控えます）。

　もちろん外資では、ある部門の売却・閉鎖のために社員が職を失うことはあり得ます。その場合も話し合いはあり、退職にあたって金銭的な補償はされます。

　ただし、英語で"Firing on the spot（即時解雇）"といわれる「その日、その場で解雇される」ケースがないかというと、少数ですが存在するので、きちんとご説明しておきます。

　非常に厳しい極端な例ですが、ハイリスク・ハイリターンの企業（たとえば一部の証券会社やIT企業）では即時解雇が起こり得ます。上司または人事部から突然呼び出されて会

議室に入ったら「今日がラスト」だと伝えられ、退職手続きの書類一式が用意されていて、呆然としてデスクに戻ると、ネットの接続がすでに切られている、というスタイルです。

このような企業の社員の年収は相場より高いので、「仕事が出来なければ仕方ない」という見方もできます。

現に、年収を少し落とせば、彼らの次の転職先はあるので、自分を解雇した会社を訴える人はいません。ハイリスク・ハイリターンの意味を、わかっているということです。

「終身雇用の保証がない」。この緊張感から、社員が自分の「市場価値」を意識することに繋がります。そういう意味で、解雇の可能性があることは必ずしも悪いことだと個人的には思いません。

ある上場企業の女性管理職研修に参加したときのこと。休憩中、ほかの参加者2人が「私は家庭の大黒柱じゃないから、私の給与は保険みたいなものだし、仕事は無難にこなしていればいいと思ってるの」と話しているのを耳にしたことがありました。

私はショックで雷に打たれたような気持ちでした。彼女たちは日本企業勤めでしたが、外資系勤めなら絶対に口にできない言葉です。

「もし会社に何かあってリストラしなければならなくなった

ら、私は家庭の大黒柱じゃないので、私から切ってくださって大丈夫です」と、自ら宣言しているようなものだからです。

　一度、外資系企業に入社すると、ほとんどの場合は外資系でキャリアアップ転職をすることになります（例外は、劇的に変革を起こそうとしている日本企業が、外資系出身者に声をかける場合です）。
　つまり、**自分の「現在」の市場価値を意識して自分を磨かないと、次回の転職に困る**のです。職業人生は長いので、自分の経験値・スキルを上げる努力をし続けることは誰にとっても重要です。

　今や日本企業も以前のように終身雇用を保証できる時代ではないので、「外資系勤務は一生安泰ではないから」という理由だけで現在の日本企業にしがみつくのは、考えものかもしれません。

生殺権がある直属上司との人間関係に気をつける

　日本企業では、人事部に「人事権」があり、異動・昇格などを最終的に決めます。

　直属の上司は、部下の業績評価をする重要人物ではありますが、すべてを決める人ではありません。

　ところが外資系では、**最終的な人事権を持つのは人事部ではなく、各部署の責任者**です。

　たとえば、ある候補者の採用について、その部署が「どうしても採りたい」と主張したら、人事部は、問題児になる可能性を感じたとしても、最後は折れてその候補者を採用することになります。

　部下の業績評価は、まずは直属の上司の責任。なので、出世したい人にとって、自分の上司と険悪な仲でないことは必須となります。

　極端な話、上司から非常に疎まれたとすると、評価を下げられる可能性すらあります。昇格のタイミングを遅らされる

など、まさしくパワハラに当たることを巧妙にされるかもしれません。

上下関係において、上司が圧倒的に上であり、部下は下であることを忘れると、大変なことになりかねません。

　昔、GE で Corporate Officer（執行役員。最高幹部の集団。会社のジェット機で出張できる）を 7 人も育てたことで有名な方が、アジアにいらっしゃいました（仮に A さんとします）。

　A さんは人望が厚く、部下たちから慕われていることで有名でしたが、あるパーティで、彼の直属の部下 B さんが、A さんに恥をかかせることをしてしまいました。推測ですが、A さんがもう定年間近だったので、「自分に対して何もできないだろう」と甘く見たのだと思います。

　老いたライオン A さんは激怒し、優秀であった部下 B さんの Corporate Officer への昇格を握りつぶしたそうです。B さんがその後、Corporate Officer の候補者リストに載ることはありませんでした。

　外資系では、直属の上司に生殺権があるので、ほどよい人間関係を保つことが肝心です。

ここまで読まれて、上司との関係が日本企業より密だとわかり、怖くなった方がいるかもしれません。ですが、日本企業とは決定的な差があるので安心してください。

　これまで日本企業は終身雇用制が根底にあり、他部署に異動する社員はかぎられていました。つまり、一度自分の上司になった人が、10年という長い単位で上司であり続ける可能性が高かったのです。

　一方、外資系企業では、**上司・同僚・部下、すべての人に転職の可能性があるので、人間関係が長きにわたって固定されることがありません。**今、上司との相性で悩んでいたとしても、彼／彼女自身が転職して、来年は同じ会社にいないかもしれないということです。

外資系は実力主義、コネ採用はない

　外資系企業は、実力主義です。まともな企業なら、スキル・経験・コミュニケーション能力の足りない候補者を、コネ（縁故）で採用することはありません。

　私が人事部に勤めていたころは、たしかに、新卒採用で「次の候補者は、クライアントの〇〇社長の息子さんだ」といった場面に遭遇したことはあります。それでも25年間で3名程度と少人数だったうえ、採用面接で誰も受かりませんでした。会社が求める人材の水準に達していないと判断されたからです。

　無理にコネ採用をしない理由は、「ほかの候補者に対して不公平だから」と「実力主義の職場でついてこられなかったら、辞めてもらわなければならないかもしれず、紹介者との関係を悪化させかねないから」です。

　もちろん、外資系にはEmployee Referral（社員紹介）という制度を持つ企業が多いですが、コネ採用とは実態が異なります。

社員の紹介した候補者（元同僚や知り合い）が採用されたら、一般スタッフレベルで一律いくら、マネジメント・レベルで一律いくら、と決まった額の金銭が支払われます。
　公(おおやけ)の社内制度であり、仲介した社員は会社と中途採用者の両方に対して責任が発生するわけなので、仕事ができない人や問題児を紹介することはしません。
　会社から見ると、仕事ができるとわかっている人材を小さなコストで採用できるという、メリットが大きい制度です。
　つまり、Employee Referralによる候補者は、過去に実績を残しており、スキル・経験・コミュニケーション能力があるとわかっている人材だということです。

　前項で、直属の上司との人間関係を良好に保つことの重要性に触れましたが、「自分と相性が良く、業績を高く買っていた元部下を、自分の新しい職場に引き抜こう」とする元上司は多いものです。
　常に目の前の仕事を大事にして、「仕事ができる」「任せて安心」という評価を上司から得ておくことが、将来の転職にも良い影響を与えます。

逃げの転職は成功しない

今、あなたが外資系企業への転職を考える理由は何でしょうか？

今の会社で、「やるべきことはすべてやった、学ぶべきことは学んだ」と、胸を張って言えますか？ この質問に対する答えが、このタイミングで、転職を考えるべきかを決めると思ってください。

自分の市場価値を客観的に見て、感情的な不満が原因の「逃げの転職」をしないことが成功の鍵です。

転職を考えるときの動機は幾つか考えられます。「給与に不満がある」「ほかにやりたい仕事がある」「会社の将来性が不安」など。もちろん、人間関係の悪化も大きな理由になりえます。

a）給与に不満がある場合

大事なのは、あなたが給与に見合う仕事をきちんとしたうえで、その不満を口にしているかどうかです。

たとえば、あなたが今の給与に不満があるとします。あな

たの給与は、あなたの仕事ぶりと平均的な市場価値とを比較して、本当に低いのでしょうか？　それとも、同窓会で同じ年齢の人たちと給与の話になり、職種の違う友人たちと比較したとき、自分の給与が低いと感じただけなのでしょうか？
　この2つは大きな違いです。

　大事なのは、**あなた自身の仕事ぶりと市場価値とを比較し、それを客観的かつ冷静に見ること**です。自分の市場価値を客観的に見ることができなければ、転職活動は失敗します。
　会社は営利組織なので、従業員の貢献に対する見返りとして、給与を支払います。
　自分の会社への貢献度や市場価値を冷静に判断できず、給与の不満だけにとらわれ、自分を大きく見せすぎた転職をしてしまうと、入社後、仕事についていけない状況が発生する可能性があります。結局、自分の首をしめることになりかねないのです。

b）ほかにやりたい仕事がある場合
　日本企業は自分から異動を申し出ても、なかなか通らないので、転職が唯一の選択肢になるかもしれません。

　私の知り合いに、非常に優秀で、英語もまったく問題のな

い日本企業に勤めている社員がいます。異動願いがあまりにも通らないので、転職活動をして、ある外資系企業からオファーをもらい、辞表を出したら異動ができたそうです。

このように、今の職場で上司に話をして、異動させてもらえないか願い出るという、**自らイニシアティブを取り行動するマインド**が大切です。自ら行動するクセをつけないと、指示待ち型の人材になり、チャンスを自分からつかみにいく習慣がつかないからです。

まずは、自分でできることをすべてしたうえで、納得して転職するのが夢を叶える近道です。

c）会社の将来性が不安な場合

最近は、こうした不安を覚えて転職を希望する方も増えています。

日本企業が安泰だった時代は、とっくに終わりました。大企業でも経営不安になったり、M&Aで上司が突然、外国人になったりすることも考えられる世の中ですから、不安になるのはうなずけます。

ただ心配だけしていても何の解決にもならないので、自分に力を蓄えることが必要です。

日本の大企業の肩書きを使えなくなったとき、**自分が持っているスキル・知識・経験値が何か**を、まず客観的に棚卸ししておきましょう。

　会社の将来を冷静に判断して、短期的に見て危ない状況であり、なおかつ自分の市場価値が高いと思えたら、すぐ転職活動を始めるのも良いでしょう。

　もし、棚卸し作業の末、自分の市場価値がそれほど高くないとわかったとしたら、高める努力をすぐ始めるべきです。仕事に役立つ専門スキルをさらに磨いたり、将来に備えて英語の勉強を始めたり、具体的な行動を起こしましょう。

★自分の市場価値を高めるスキル&学び方の例

- 英語力を磨く：スクールに通う。オンライン受講。
- 専門分野の知識を深める：勉強会やセミナーに参加して人脈を広げる。オンライン受講。
- ITスキル・簿記などの資格を取る：スクールに通う。オンライン授業。問題集を解く

…etc.

転職活動は会社を辞めてから？働きながら？

　転職活動は会社を辞めてからおこなうべきでしょうか。

　それとも、今の会社で働きながら転職活動をおこなうべきでしょうか。

　ずばり、働きながらおこないましょう。

　会社を辞めてから転職活動をすると、現職がないことで応募先の企業から足下を見られやすく、給与や待遇が悪くなる可能性があります。

　私が外資系企業の転職フェアでスピーカーとして登壇すると、ときどき「忙しくて、転職活動をする時間がありません。とりあえず辞めて、腰を落ち着けて活動しようと思います」とおっしゃる方がいます。

　この選択は、非常に危険なのでお勧めできません。

　働きながら転職活動をしたほうがいい理由は、2つあります。

　1つ目の理由は、**無職の状態だと面接試験の際に、給与などの条件面を交渉するカードを失う**から。まともな外資系企

業であれば、前職より給与を下げるようなオファーはしませんが、なかには、今現在、仕事がないという弱みにつけこんで、「うちにはこれしか予算がない」と言って給与を下げる会社も現実にあります。

「失礼だ」と言いたいところですが、なにぶん仕事をしていない身では、交渉不利になります。働き口を確保したい気持ちが先に立ち、あまり良くない条件であっても飲んでしまいがちです。

　働きながら転職活動をしたほうがいい理由の２つ目は、**次の転職先がなかなか決まらず、活動が長期化すると、自信を失ってしまう可能性がある**からです。

　私の肌感覚では、３か月くらいであれば、現職がなくてもエネルギッシュに転職活動ができます。

　しかし、それを過ぎると、だんだん自信を失い、ネガティブなことを考えるようになり、それが外見に表れるようになります。

　あるとき、打ち合わせで大手のヘッドハンティング会社を訪問しました。受付前のスペースに６人の候補者と思しき方が座っていて、うち２人は、失職した状態が長くなったところとお見受けしました。

なぜわかるのか？　外見に表れる精気や自信のオーラが違うからです。表情は少し暗く、自信がない様子で座っています。採用面接の場だからといって、この2人が突然、明るくエネルギーのある候補者に切り替わるとは思えません。

　そうはいっても、「即刻、現職を辞めたほうがいい」ケースが1つだけあります。それは、パワハラ・セクハラなどが原因でメンタルのバランスを崩し、症状が重くなりかけている方です。
　メンタルが不安定な状態で同じ職場・人間関係のなかに身を置き続けていると、状態はますます悪くなります。**メンタル系の疾患は、初期対応が肝心。**油断すると重症化・長期化したり再発したりするので、早めに現職を離れたほうがいいのです。
　このケースでは、転職活動時に多少、条件面が悪くなる可能性はありますが、「健康が最優先」と割り切って辞めるしかありません。

外資系では最終決定権が「本社」にある

　外資系の社長・役員・部長レベルになったときに初めて痛感するデメリットがあります。それは、グローバル・ビジネスにおいて戦略の立案は「本社」がおこなうのが通例である、ということです。

　たとえば、日本企業（本社：日本）がグローバルにビジネスをおこなうのであれば、日本国内で立てた戦略を、海外にある現地法人に通達します。国によって多少の微調整があるとしても、基本的にはどの現地法人も、本社のビジョンを実行・遂行することになります。

　外資系企業（本社：海外）においては、その逆です。戦略を立てるのは海外にある本社のみと決まっていて、日本法人は「海外出先機関」の1つにすぎません。そのため、**日本法人の社長が戦略決定にかかわったり、決定に異議を申し立てたりすることはできない**のです。
　仮に本社の決定が、日本の商習慣・マナー・常識と照らし合わせたら明らかに不具合がある場合でも、部下たちに

「やってくれ」と言わないといけないのです。

　2つの実例を紹介します。
　私がある米国系IT企業で人事本部長として勤めていたときのこと。その会社は株主至上主義で、年に一度のペースでRIF（Reduction in Force ＝ 人員整理）がありました。日本を含めたすべての現地法人で、会計年度末に不要人材の即刻解雇がおこなわれていたのです。
　もちろん、優秀な方が該当することはありませんが、自分のパフォーマンスに自信がない方はその時期、戦々恐々としていました。
　私は本社にかけあい、「日本でそういうことをすると、労働市場でこの会社の評判が悪くなります。エージェントが人材を紹介しづらくなるようなことをしないでください。アメリカでは採用に困らない企業でしょうが、日本では知名度が低いことを理解してください」と交渉。2年間、ねばって交渉を続けた結果、やっと日本を例外にすると認めてもらいました（ただ、私は本社に「従順でない人間」という烙印を押され、その後は仕事がやりづらくて大変な思いをしましたが……）。

　もう1つは、私にとって生涯のメンターである男性の実例

です。

　GE時代の大先輩である彼は、39歳でグループ会社の社長を務め、それからGEを離れて、IT企業の社長職を歴任された素晴らしい人物です。

　その方が50代のある日、「俺はもう"チィママ"をやるのが、ほとほと嫌になった」とおっしゃいました。チィママとは「雇われ社長」を意味します。「日々のオペレーションを回しているのはチィママだけれど、オーナーは別にいて、横から口出しされる。本社と日本法人の現場との板挟みになるのに疲れた」と言うのです。

　その後、彼は起業して大成功しましたが、彼のように、外資系のトップが本社と日本法人の現場間でストレスを抱えることはよくあります。

　外資系での最終決定権は、海外の本社にある。そのことをわかっていると、出世後に役立つでしょう。

---- Column 1 ----

VIP来日時のおもてなし

　外資系企業の日本法人に本社の CEO が来日することになると、社長と本部長チームは大騒ぎになります。ビジネスはもちろんですが、彼らをどう「おもてなし」するのか、考える必要があるからです。

　私がある企業の人事本部長だったとき、グローバルの CEO が来日しました。初日の夜は隅田川の屋形船に乗り、一番高い天ぷらコースを頼んで日本の風情を楽しんでもらいました。2日目の夜、男性陣は深川の料亭へ、私は CEO の奥様をお連れして歌舞伎観劇へ。彼女のために同時通訳ヘッドフォンを借りることで私の頭はいっぱい。自分用のヘッドフォンを借り忘れてしまい、休憩時間に感想を求められて困ったことを懐かしく思い出します。「歌舞伎は英語でいうシェークスピアのようなものだから、現代人には聞いても理解できない」と説明しました。

　私の友人の会社も CEO の来日時、屋形船に案内し、寿司好きと知っていたので職人を呼んで寿司を出してもらったそうです。また、会社の会議室でマグロ解体ショーをしたことも。マグロを買いつけ、職人が解体し寿司にすることを、CEO の目の前でおこなったといいます。会議室が魚臭くなって困ったそうですが、CEO ご本人はご満悦だったそうです。

　なぜここまでするか。おそらく、1章で書いたように、外資では直属の上司が生殺権を握っているからでしょう。何もないのにクビになることはありませんが、何かあったときに備えて、上司の気に入るようなふるまいをすることは、賢明なことなのです。

2章

マッチする求人情報との出合い方

転職活動の始め方
—— キャリアの棚卸しと求人を探す場所

転職先探しは、何からスタートするのが良いか？

　求人情報を探すには、転職サイトや転職エージェントを利用したり、キャリア・アドバイザーに相談したり……と、いくつか方法がありますが、どういう順番で何をするのがいいのでしょう？

　外資系への転職にむけて、もっとも効率良く活動を進めるための手順を紹介します。

ステップ 1
キャリアの棚卸し

　転職活動が初めての方は、ご自分の強み・弱みを客観的に振り返ったことがない可能性があります。「自分が今、適職に就いているのか」すら考えたことがないのです。
　そこで一度、強み・弱みの棚卸しをすることをお勧めします。

　まずノートを用意し、左ページに自分の強みを、右ページに弱み（改善点）を書き出します。たとえば……

 強み	 弱み
チームプレーが得意 論理的 創造性が高い	慎重すぎる 細かい作業が苦手 頑固　……など。

　このリストを家族や親しい友人などに見てもらうと、なお良いです。人は、自分自身を評価しようとすると客観性に欠ける傾向にあるもの。自分では気づかなかった意外な点を、周りの人があなたの「強み」「弱み」として指摘してくれる

ことがあります。

　自分の能力や特性について分析するには、もっと精度の高いアセスメント・ツールを活用するのも良い案です。世の中にはたくさんのツールがありますが、一例として、英国発のルミナスパークについて3章で紹介します。

ステップ 2
英文履歴書を書く

　詳しくは4章で紹介しますが、基本的には、英語に自信がない人でもまずは自分で英文の履歴書を書いてみてください。
　採用担当者は経験豊富ですから、本人でない誰かがイチから書いた履歴書は、見ればすぐにわかります（その理由も後で触れています）。

以下、便宜的にステップを分けましたが、「3－1」～「3－3」は並行して進めてほしい行動です。

ステップ 3-1
転職サイトを利用する

　ネットで検索すると、転職サイト数は全体でおおよそ270

もあり（2019年現在）、サイトによって得意な業界や職種は異なります。

外資系に強い転職サイトを検索したい場合、「外資系　転職サイト」と2つのキーワードを入れて、広告サイトを除く上位数社の内容をよく読み、自分が探したい業界・職種を扱っているサイトかどうかを判断してください。

まずは5つほど選んで登録しましょう。

すべてのサイトに登録してしまうと、たとえば「まったく同じ求人情報について3つのサイトから連絡があって、対応に時間を取られる」といった危険性があります。

一方、絞り込みすぎて1つ、もしくは2つのサイトにしか登録していないと、自分の目に触れない求人情報が出る可能性があります。

転職サイトの登録や利用は基本的に無料ですし、サイトによって掲載される求人情報は異なるので、ぜひ複数のサイトを見比べ、5つほど登録しておくことをお勧めします。

ステップ 3-2
転職エージェントを利用する

転職エージェントは、転職希望者と企業をつなぐ、仲介役

です。いわば、転職という分野における「コンサルタント」。

ところが、転職経験のない人は、つい「知名度」でエージェントを選びがちです。わかりやすい失敗例では「TVCMを流している会社をいいと思ってしまう」など。たしかに、いいエージェントかもしれませんが、外資の求人をたくさん持っているかどうかは別問題です。

どのようなエージェントがあるかは、ネットで検索すれば出てきますので、評判を確認してください。

一番良いのは、外資系企業の人事部に勤めている方、転職回数の多い方をなんとか人脈で探して、実名を挙げてもらうことです。

人脈があまり広くないという方は、**ネットで「人事　勉強会」などのキーワード検索をして、勉強会に参加してみる**といいでしょう。そうすれば、複数の人事社員に出会える機会が得られます。

人事の勉強会には、人事以外でも参加可能なものがたくさんあります。勉強会すぐ後か翌日に、お礼と挨拶のメールを出して、勉強会で出会った人事の方に覚えてもらえるようにしてください。

このとき大事なのは、目先の目的やメリットに注力しないで、長期的に付き合えるよう、「自分が相手にできる貢献や、

共有できるお役立ち情報は何だろう」と考えることです。

　人間関係は、Win-Win（どちらにも利があり）でないと長期的に続かないので、最初から頼みごとばかりしないで、まずは、自分ができるGIVE（与える）を考えることが重要です。

　そうやって良い関係が築けたなら、その方から転職エージェント会社を紹介してもらったり、複数のエージェントの評判を教えてもらったりするといいでしょう。ネット情報よりも、**業界に長くいる人の情報のほうが、はるかに精度は高く、信用できる**はずです。

　そうして、評判のいい転職エージェント会社を見つけたら、まずは一人ひとりに担当者（コンサルタント）がつくので、経験値と人柄、そしてその会社の報酬体系がどういった仕組みなのかを確認しましょう。

　多くの転職エージェントのコンサルタントは、歩合制になっています。一般的には、転職者の年収の一部がコンサルタントの報酬になりますが、ある悪名高いエージェントは100％歩合制でコンサルタントに報酬を支払っているため、転職希望者の意向を無視して無理やり企業に入れるような荒技を繰り出しますので、注意が必要です。

ここに転職サイトやエージェントのリストを載せることは差し控えますが、なるべく転職マーケットを理解している人から情報をもらうこと。それが難しい場合は、注意深く検索して情報を得ることを心がけてください。

ステップ 3-3
キャリア・フェアに参加する

「キャリア・フェア」とは、人材を採用したい複数の企業がブースを出展するもので「合同企業説明会」「就職フェア」などとも呼ばれます。

企業のブースに集まった方（転職希望者）とその企業の担当者が、その場で個別に話せる貴重な機会です。転職希望者からすると、企業と直接話すことができ、公の面接試験ではないためそれほど緊張しないで情報収集が可能です。本番の面接の準備にもなります。

会場内では、英文履歴書の書き方など、実践的なセミナーもおこなわれますので、必要な知識を得られます。

さまざまなフェアが開催されていますので「キャリア・フェア」などのキーワード検索をして、出展企業のリストを前もって確認し、外資系が多く参加するフェアかどうかチェックしてください。

ここって日本企業？それとも外資系？ その見分け方

　外資系企業に転職するうえで要注意なのが、その会社の企業文化を理解しておくことです。
　外資系の文化を求めて転職したにもかかわらず、実際は日本企業と文化的に変わらないという事態も想定されます。

　一般論では「海外に本社がある日本法人」＝「外資系」となります。
　ただ、これは表向きの顔。実際の企業文化は、入社してみないとわからないことも多く、資本の形態だけでは決められません。
　企業文化も"外資らしい"かどうかを見る切り口として、「社長が外国人かどうか」「外国人社員の比率」「会社の規模」が考えられます。

a）社長が外国人かどうか

「社長が外国人かどうか」は、企業文化を左右する大きな要素です。
　もちろん、日本人であっても海外への留学経験・駐在経験

があり、日本人らしくない価値観の社長もいらっしゃいます。それでも、社長が日本で生まれ育った人かどうかは企業文化に大きく影響します。

「日本ではこれが常識」と良い意味で理解している日本人が社長の場合、極端に外資的な経営をするよりは、比較すると「和」を重んじ、トップダウンではない方法を望むでしょう。

日本で円滑にビジネスをおこなうには、海外経験ありの日本人社長のほうが良いかもしれませんが、外資らしい企業文化を期待して転職するのであれば、社長が外国人である会社のほうが良いかもしれません。

b) 外国人社員の比率

私は会社員時代、転職先を検討するとき、外国人社員の人数と比率を採用面接で必ず確認していました。ホームページを見ただけではわからない情報であり、企業の"外資度"を測るうえで重要な要素です。

たとえば、社員数300人の企業が2社あるとします。

A社は社長だけが外国人で、B社は社長・役員のほとんどと、その下の階層の10%くらいの社員が外国人です。この2社の企業文化は、驚くほど違うはずです。

A社は、いくら一番偉い社長がトップダウンで企業文化を変えようとしたとしても、大多数は日本人なので、外資系の合理的でドライな人間関係とは無縁の企業文化を持っている可能性があります。変革のペースは比較的遅いと予想されます。

　一方のB社は、企業文化に影響を与えるに足るだけの外国人がいるので、外資らしい企業と見込めるでしょう。

　外国人社員の数・比率を事前に確認して、企業文化を推測し、自分に合っている企業かどうかをチェックしましょう。

c）会社の規模

　私には8回の転職経験があります。勤務先9社それぞれ、会社の規模が異なりました。

　社員数が最も少なかったのは、GEの先輩と3人で立ち上げた、ある油圧機器メーカーのアジア・パシフィック本部です。一方、社員数が一番多かったのは、米系製薬会社で3000人規模でした。

　会社の規模と企業文化の相関を振り返るに、社員数700人を超えると（先ほどお話しした外国人比率にかかわらず）、企業文化の"外資度"が下がるように思います。

例外は、帰国子女など、いわゆるバイリンガルな人材が多い証券会社やIT企業です（もちろん全社ではなく一部の会社です）。
　会社の規模が大きくなることで企業文化が日本的になる理由は、単純に日本人の数が増えるからです。
　その結果、「集団を重んじる」「根回しが求められる」「会議が多い」「残業が多い」などの傾向が増していきます。

「日本的な外資」と「外資的な外資」、どちらが良い・悪いはありませんが、人によって相性は必ずあるので、入社前に確認しましょう。

★"外資らしい"企業の特徴まとめ

- 社長が外国人
- もしくは、海外経験豊富な日本人社長
- 役員とその下の階層の1割が外国人
- 会社の規模が中〜小（社員数700人未満）

企業分析で押さえておくべきポイント

外資系企業はどんな雰囲気？

「外資系企業がどんな雰囲気の職場か」をひと括りで語るのは難しいですが、あえていえば「カジュアル」「個人主義」という2つの共通項目があります。

a）社員同士でどう呼び合うか

かつての日本の企業では、社員の名前を呼ぶとき「鈴木部長」「佐藤課長」などと名字に肩書きをつけることが主流でした。

しかし今では、肩書きをつけて呼ぶ企業はだいぶ少なくな

り、「鈴木さん」「佐藤さん」などと呼び合うことが主流ではないでしょうか。

　外資系企業では、本人が望めば、ファーストネームで呼ばれることが多いです。私は職場で「美加子さん」または、ニックネームの「ミッキー」と呼んでもらっています。
　ちなみに、本人がファーストネームで呼ばれることを望まない場合は、外国人も名字に「さん」をつけて呼んでくれます。

　どちらが良い悪いではなく、どちらがカジュアルかという点では、外資のほうが気軽と言えるでしょう。

b）どんな服装をしているか
　職場での身なりについては、日本企業も以前に比べ、かなりカジュアルになり、とくに外勤でない部署の服装の自由度は高くなってきました。
　それでも、毎日ジーンズでもOKという職場は、まだまだ少数だと感じます。

　服装においては、外資のほうがカジュアル度は高いといえます。外資は実力主義なので、服装で目立っても結果さえ出

していれば、周りから何も言われることはありません。

　最もカジュアルなのが、GAFA（Google、Apple、Facebook、Amazonの4社）です。
　職場でジーンズ、Tシャツ姿が大丈夫なだけでなく、キャリア・フェアでの面接官も、お揃いのロゴ入りTシャツを着用しています（余談ですが、他社の多くはスーツにネクタイでした）。

　IT系に比べると保守的なのは、金融・コンサルティング業界です。モノづくりの会社ではないので、お客様の信頼を勝ち得るために「自分がどう映るか」は重要で、高級なスーツやジャケットを着用していることが多いです。

　業界に関係なく、営業職であれば、お客様の傾向に合わせることになります。
　いつお客様訪問になるかわからず、いちいち着替えるのが面倒という理由で、ノーネクタイでスーツを着ている人がほとんどです。ネクタイは、自分のデスクの引き出しかロッカーに保管しています。

c）職場での個人スペースは？

　外資系企業の多くは、パーティションに囲まれた比較的広いデスクで仕事をしています。

　オフィスがフリーアドレス制を採択していなければ、家族の写真を飾ったり、私物を置いたりするスペースも十分にあります。自分のデスクを小さな書斎のようにしながら働くことができます。

　私も会社員時代は、家族の写真を飾ったり、綺麗な絵葉書をピンでパーティションに留めたりしていました。

パーティションつきデスクの一例

d）お客様に出す飲み物は何？

日本企業では、訪問客にお茶を出すことがマナーになっています。最近ではドリンクマシーンでいれたお茶や、ペットボトルのお茶を出す会社も多くなりました。

一方、外資系企業では、お茶ではなくコーヒーかお水をお客様に出します。

お水にコップが添えられていることもありますが、それはかなり丁寧な場合で、ペットボトルのまま出されることもあります。飲むほうも気にしないで、そのまま口をつけて飲みます。

e）飲ミュニケーションは多い？

先にも触れましたが、日本的な飲ミュニケーションという文化はありません。

もちろん、部署全体で何かのお祝いイベントを開いたり忘年会をしたりなど、集団で飲食する機会はありますが、頻度は少なく、上司による強制的なものはありません。

外資系は個人のプライベートを重んじるので、飲み会の出欠確認で「就業時間後は、家族と過ごす時間と決めているの

で参加しません」という人がいても、誰も気にとめません。

　気が合う同僚とたまにお酒を飲みに行くのは楽しいですが、義務として飲みに行き、会社・上司・同僚の悪口で終わるのは、職場との切り替えができないので、精神衛生上、良くありません。

　個人的には、自分主催の飲み会では仕事の話をせず、みんなで楽しく笑って過ごせるかを気にかけていました。

　仕事の話は本来、就業時間内にすべきものですし、その場にいない方の悪口を言うのはマナー違反といえます。

> **★ 外資系企業の雰囲気まとめ**
> - ファーストネームで呼び合うことが多い
> - 服装は比較的カジュアル
> - ただし、金融・コンサル・営業職はスーツ
> - 比較的広い個人デスク
> - お客様にはコーヒーかお茶を出す
> - 飲み会の回数は少なめ

年収、昇進、異動。
日本企業とはどう違う？

日本企業との違いを具体的に見ていきましょう。

a）年収

よくいわれる外資系の特長として「日本企業よりも比較的、年収が高い」が挙げられます。実際、そのようなイメージを持つ方もいらっしゃるでしょう。

まず、なぜ外資系は年収が比較的高いのか。
大きく2つの理由が挙げられると思います。

まず外資では、**専門スキル＋語学力（英語であることが多い）をもつ人材が必要**です。

この組み合わせをもつ候補者はかぎられるので、労働市場での需要と供給のバランスから、専門スキルと英語力を兼ね備えた人材は、価値が高まり年収が相対的に高くなります。

また構造的に、外資は日本企業に比べて、売上高に対する人件費率が低く、1人がカバーする仕事の範囲が大きいことが多いので、その分に対する割増とも考えられます（たとえ

ば総務の部署を置かなければ、一人ひとりの庶務的仕事が増えます)。

こういった理由で、**日本企業勤務でまったく同じ職種・レベル・仕事内容の方より、年収は高くなる**のです。

b) 昇進

外資系では、年齢・性別に関係なく、求められるレベルの経験・スキルがあれば昇進できます。役職の低い社員が、2年連続で昇進することも可能です。また、いわゆる「昇進試験」のようなものはありません。

外資系における昇進では、**直属の上司の采配がものを言う**のです。たまに「えこひいき」で昇進が早いように思える人もいますが、外資系は競争が激しいため、実力がない人は最終的に淘汰されます。

また、昇進時の評価で「一生懸命がんばった」「長時間残業にも耐えた」というプロセスにおける努力は考慮されず、**あくまで最終的な結果(成果物)を見て評価**されます。

異動のしやすさにおいても、外資系と日本企業で大きく違います。

c）異動

日本企業では、異動を願い出ても通らないことがとても多いようです。

直属の上司に異動願いを伝えたとしても、そこで情報が止まってしまい、何の変化も起こらないということがザラにあると聞きます。

一方、外資系では基本的に、**同じポジションに2年いると「異動をリクエストする権利」が発生する**ことが多いです。

そして、人事部に異動を申し出るとき、上司の承認はいりません。上司が部下の異動を邪魔できないシステムになっているのです。

仮に異動が決まらなければ、今までと同様に仕事をすればいいように、また決まったら快く送り出してもらえるように、異動前後の2つの部署の責任者同士で話し合いがあります。

日本企業と外資系企業の大きな違いは、この昇進・キャリア形成の方法にあらわれています。

外資系で活躍している人の共通点

　外資系企業は、どのような特性のある人材を求めているのでしょう？　私が見てきた「活躍している人」の共通点についてお話します。

共通点 1
自立心が高い

　日本は素直で上に従順、忠実であることが評価されますが、ほかの国（とくに欧米）は「自立心」を重要視します。

　外資系の大手企業では、新卒者の採用時に「自立している人間か」を見ます。親元で暮らし、アルバイトも課外活動もしていない学生は、自立心が低いとみなされる傾向が高いです。

　新卒採用での基準が前出のとおりならば、中途採用の社会人に求められる自立心は推して知るべしです。

- わからないことをすぐ誰かに聞くのではなく、まず自分で調べる
- 社内プロジェクトなど、やりたい仕事があることを、上司に上手に伝えられる
- キャリア形成の責任は自分にあると認識し、社内外の研修で自分の成長を助けるものに、積極的に手を挙げる

そんなタイプの人が求められています。

共通点 2
自分をPRする力がある

　外資系企業で「謙遜」は、好まれません。「能ある鷹は爪を隠す」といいますが、爪を持っていることをしっかりアピールできる人のほうが評価されます。

　外資系で求められるのは、**「YES ／ NO をはっきり言える」「自分の意見を相手に伝えられる」** 人です。

　もちろん、外資系であっても日本人が圧倒的に多い職場の場合、率直な物言いや「YES ／ NO」での発言をすると角が立ってしまう可能性があるので、相手の状況を見ながら伝え方を変えるなど、多少調整する必要があります。

しかし外資系では、基本的に自分の意見を持ち、それを言葉にする力がないと、評価されづらくなり損をすることになります。

共通点 3
英語力について

外資系企業のうち、まったく英語ができない人材を好んで採用する会社はありません。これは断言できます。

ただ、どのレベルの英語が求められているかは、業界・職種によるので、P77にて詳しくお話しします。

共通点 4
スペシャリスト志向

外資系企業では、まんべんなく普通の仕事ができるジェネラリストよりも、専門性の高いスペシャリストが求められます。

そもそも、外資系は人材をジェネラリストに育てるべく異動させる習慣がないので、育成されるのは自然とスペシャリストばかりになります。

広く浅く仕事ができる人よりも、**特定の専門分野の能力が**

高いスペシャリストのほうが市場価値は高いということです。「経理ができて、ITもやったことがあり、マーケティングにも在籍していたことがある」という職歴だと書類選考で落ちることになります。

外資系で帰国子女が活躍できるのは、ただ英語ができるからではなく、前出の「共通点1」から「3」までを海外生活ですべて身につけているからです。
「自立している」「自分の主張をうまく言葉にできる」「英語力も高い」と三拍子がすでに揃っているうえで、専門知識・経験を積んだ方の市場価値は高いのです。

★ 活躍している人の共通点まとめ

1. 自立心が高く、まずは自分で積極的に動く
2. 謙遜せず、自分の意見を相手に伝えられる
3. 英語力は業界・職種による
4. ジェネラリストよりもスペシャリスト志向

> 採用時、年齢・性別は
> 基本的に問わない、ただし…

　外資系企業では、基本的に年齢・性別ともに不問です。とはいっても、年齢については3つの節目があるのでお話ししておきます。

節目 1
30 歳

　30歳は、外資系が**「職歴・経験にかかわらず、本人にポテンシャルがあると思えば採用する年齢」**の上限です。

　この年齢を超えると、残念ながら大きなキャリアチェンジは難しくなります。

　ほかの候補者のうち、同じような年齢ですでに10年近い業界経験者がいれば、そちらが優先されてしまいます。

　一方、20代であれば、たとえ履歴書に紆余曲折があったとしても許容してもらえます。本当に外資系でやりたい仕事があったら、転職のチャレンジをしてみるといいでしょう。

　やりたい仕事が今までの経歴と異なる場合でも、**優秀な**

20代であり、かつ「仕事への情熱」と「なぜ自分ならできると思うか」を、論理的に話せれば大丈夫です。

　30歳以上でキャリアを大きく変えたい場合は、まず今の職場で異動が可能かどうかを冷静に考えましょう。日本企業の異動は、部門長同士の合意で決まることが多いようです。異動は「タバコ部屋、飲み会、ゴルフで決まる」とよく言われます。自分の部門長にうまくアプローチして、動いてもらえるようにできると思うかどうかの判断が必要です。

　30歳以上でキャリアを大きく変える転職を決意しても、実績がないと即戦力にならず、書類選考で落ちてしまう可能性が高いです。可能であれば、現職で経験を積んでから、外資にチャレンジするのがよいです。

節目 2
40 〜 42 歳

　日本企業から外資系企業に初めて転職したい場合は、40〜42歳が上限になります。なぜなら、一般論として**人は年齢を重ねるごとに柔軟性をなくすため、一企業の影響を多大に受けるほど新しい環境への適応は難しい**、と採用側が判断

するからです。

　私自身も人事部時代、40〜42歳以上で初めて転職する方を採用し、3件ほど失敗しました。
　日本の大企業で20年以上勤めた経験と知識を買っての採用でしたが、なかなか環境に馴染めず「前の会社では〜」と比較する言葉を頻繁に使うため、周囲も困ってしまいました。
　柔軟性も、新しい職場に慣れるための重要な資質です。ご本人も「こんなはずではなかった」「前職のほうが良かった」と比較して辛かっただろうと思います。

節目 3
50歳

　残念ながら50歳以上は、役員クラスを除いて、書類審査で落ちてしまう年齢です。経験ある人材の有効活用が重要な時代に、こうした年齢差別は本当に残念でもったいないのですが、今のところ如何ともしがたい現実です。
「50代に入ると体力・気力ともに衰え始める」と採用側が思い込んでいるのかもしれません。

　私が50歳以上の方のキャリア相談を受けた際は、**「過去の**

人脈を振り返り、自分のことを引き抜いてくれそうな方はいないか、よく考えてみてください」とお伝えしています。

なぜなら、それがもっとも効率の良い転職方法だからです。

私の元部下で、人脈を活用して転職に成功したCさんの例をご紹介します。

Cさんは約20年前に私と一緒に働いていた女性で、30代半ばから還暦近い現在まで、人脈だけでキャリアアップしてきました。人当たりと面倒見が良く、英語ができて、複数の仕事を同時に回すマルチタスクが得意、さらに不満をほとんど言わないという、組織から見た理想的な人材なので、引く手あまたで働き口に困らないのです。50代で就職した現在の職場も、昔の上司から声をかけられたといいます。

もし、そんな彼女が一般的な転職活動をしたらどうでしょう。転職回数が多い上に「年齢が……」と言われ、おそらく書類選考で不合格になってしまうでしょう。

50歳以上での転職は、人脈が欠かせません。ですので、ご自分の人脈をぜひ一度、棚卸しをしてみてください。

20代、30代の方も将来のことを考えて、「まず目の前の仕事で評価を残す」「人間関係のトラブルを起こさない」を大事にして、人脈を築く努力をぜひ実行してください。

補足

性別について

　性別は基本的に不問ですが、少し補足します。

　女性の場合、日本企業と比べると、外資系企業のほうが働きやすい環境であることはたしかです（もちろん、業界や部署によっても異なりますが）。

　たとえば、日本企業ではセールスの責任者に女性がいることは現実にはほとんどありませんが、外資系では当たり前にあります。シリコンバレーに本社のある某IT企業では、セールスと技術のトップが2人とも女性でした。「やはりアメリカは進んでいる」と思ったものです。

　私は25年間の会社員生活で、外資系の人事部という管理部門にずっと属していたこともあってか、女性差別を感じたことはたった一度しかありません。最終面接の採用官として会議室に入ったら、候補者が私の顔を見るなり「女が出てきた」という顔をしたのです。有名な商社にお勤めの方でしたので、おそらく現職には女性管理職が存在せず、先方は先方で驚いたのかもしれません。

　性差別を感じたのがこの一度きりというのは、幸運なほうだと思います。あらためて「外資系は女性が当たり前に働ける、良い環境なんだな」と実感できた、貴重な経験です。

問われる英語力は、ポジションによって大きく変わる

「外資系では高い英語力が求められるから……」と転職に二の足を踏んでいる人が多いようですが、必ずしも高い英語力が必要とされるわけではありません。

もちろん、英語力はあるほうが良いですが、必要なレベルは**ポジションのグローバル度（海外や外国人との仕事が多いかどうか）、ローカル度（日本国内、日本人との仕事が多いかどうか）**によって異なります。

まず、グローバル度100％に近い仕事で、わかりやすい例は、外資系企業の日本法人の社長です。

上司は海外にいて、英語でのメール送信や電話会議、海外出張が頻繁にあります。同僚は各国の責任者なので、当然、英語でコミュニケーションすることになります。日本法人とはいえ直属の本部長には何人か外国人がいるので、英語の使用率はかなり高く、TOEIC900点以上必要です。

ほかにはひとつの同じITシステムを使う場合、エンジニ

アはインドや中国、オーストラリアのエンジニアがプロジェクトを組んでいるなんていうことがざらにあるので、役職に限らず同等レベルの英語力が必要です。

　次に、グローバル度が少し下がって80％くらいの場合。TOEIC800点以上が必要になるのは、社長の直属の部下の本部長クラスです。

　外資系は「マトリックス組織」といって、たとえば経理部長なら、日本法人の社長と経理のアジアパシフィック責任者の両方が上司であることが多いです。日本法人社長が日本人だとしても、もう1人の上司は外国人の可能性が高いので、ある程度、英語ができる必要があります。

　本部長でなくても、マーケティング・マネジャーにも同じようなレベルの英語が求められる可能性はあります。上司が外国人の可能性はありますし、本社からロゴやフォントの使用に関するマニュアルが届いたら、それを読んで不明点を問い合わせるなど、直接、海外とやり取りする可能性があるからです。

　本部長の部下の層は、TOEIC700点くらいあれば大丈夫です。仕事のメインは、日本人を相手におこなっているからです。

ただし、海外とのやりとりが頻繁にあるのなら、この層でもTOEIC800点くらいが必須になります。

肝心なのは、英語で下りてくるメッセージが読めて、会社の方向性がわかること。自分自身が英語で発信したり会議に参加したりする必要がない場合は、TOEIC600点くらいの英語力でOKです。
職種でいうと、国内セールス(営業職)やエンジニアなどです(海外セールスや、海外プロジェクトに参加するエンジニアは、やはり前出のとおり高い英語力が必要です)。

物流・製造の現場スタッフは、英語力がなくてもなんとかなりますが、マニュアルが英語であることは考えられるので、リーダー的な存在の方は、英語を読む力は求められます。

こうして見てきたように、**仕事で求められる英語力を、一概に「職種」では語れない時代**に突入しています。自分のポジションでどのくらいの英語力が必要かは、確認が必要です。

英語力に関する別の切り口として、「読む・書く・話す・聞く」力のうち、どれが重要かについてもお話ししましょう。
まず、英語の「読み書き」の力は、現場スタッフ以外は必

要になります。メールのやりとりは、役職に関係なく発生するためです。

　また、上司が外国人になったり、同僚にも外国人がいる環境に置かれたりすると、「話す力」が求められるようになります。

　さらに、昇進して電話会議に参加するようになると、早口のネイティブスピーカーや、独特のアクセントのある各国担当者の英語を「聞き取る力」が必要になります。

　仕事で求められる英語力は、かつては「役職」だけでほぼ推察できましたが、現代はグローバル度も重要なポイントになりました。

　すべてのポジションで高い英語力が必要なわけではないので、英語力に自信がないからとひるむことなく、チャレンジしてください。

― Column 2 ―

英語はやる気と工夫次第

　私と友人の英語乗り越えエピソードを紹介します。帰国子女でないかぎり、日本人が英語圏の人と仕事をするのは大変なこと。私自身、初めてのニューヨーク出張で東海岸の早口英語がさっぱり聞き取れず、ホテルに帰って泣いたことがあります。スーツケースを持つ際に爪が長いとひびが入ることも知らず、さらに「爪切り」という英単語を知らなかったので、ホテルのドラッグストアで悪戦苦闘した苦い思い出も。

　日々の仕事では困らない英語力が身についた頃、次の問題は電話会議でした。相手の顔が見えないのでニュアンスを汲めないし英語は聞き取れないし、往生しました。英語圏の会議では発言せずにいると、「日本チーム静かだね、どう思う？」と突然、議長に振られることがあります。慣れるまで「最後にどんな質問をしよう？」とばかり考えていました。良い質問をすれば、参加している、貢献していると評価してもらえるからです。

　私の20年来の友人も帰国子女ではないので、初めてのイギリス人上司相手に苦労したそうです。当時のTOEICスコアは約600点。彼女が聞き取れないので、上司は指示を紙に英語で書いてくれた。でもミミズ字で読めない。仕方なく彼の秘書に聞きに行く始末。とにかく時間がかかって大変だったそうです。

　それでも時が経ち、彼女も私もビジネスで支障のない英語力を身につけたのですから、英語はやる気と工夫の問題ですね。2人に共通する英語力向上の手段は「原書を読むこと」でした。自分の中にたくさんの英語を受け身ながら貯めることで、いつか自分から急に能動的に英語が出てくるようになるのです。

その会社「ならでは」の価値観がある
―― 企業文化の探り方

企業文化は、会社の「規模」によって変わる

　ひとくちに「外資系」といっても、企業文化は規模によって大きく変わります。転職先を選ぶ際には、その点も注目しましょう。

　ここでは、規模の違いによって企業文化の何がどう変わるかをわかりやすく説明するために、「毎日の郵便物の仕分け」という仕事を例にとります。社員数が3人の場合、200人の場合、1500人の場合という3パターンで見ていきましょう。

パターン **1**
社員数 3 人の場合

　私が GE 時代の大先輩 2 人とともに、米系企業のアジア・パシフィックの本部を立ち上げたときのことです。

　アジア・パシフィックの CEO と、人事の責任者である上司、人事のスペシャリストである私という構成です。

　ここでは、1 階の郵便受けから郵便物を運ぶことが、私の日課でした。前職では部下持ちだった私にとって、「なんで私がやらないといけないんだろう、総務がいてくれたらなぁ」と思ってしまう、おっくうなタスクでした。

　それでも、時給の高い 2 人に最大限の成果を出してもらうには、私がやるしかありません。プライドを捨てて、自分が拾える球はすべて拾うつもりで、細かい仕事をこなしました。

　小企業の醍醐味は、会社全体が見えることです。規模が大きくなると、自分の部署単位でしかものが見られなかったり、意思決定にかかわれなかったりしますが、規模が小さいほど本来の職務範囲を超えた仕事をおこなえます。

　私もアジア・パシフィックという少人数のダイナミックな組織で働いたことで、どのように意思決定がなされるかをい

つも間近で見ることができ、非常に勉強になりました。

たとえばインドからブラジルに帰化した人材を東京で雇うにあたり、本人が「香港にある口座でUSドルの給与を受け取りたい」と交渉してきました。

私はどうすれば彼の希望がかなうかを考え、相談できる専門家を探すという貴重な経験をし、その結果を2人の上司に報告。最終的に彼らがどのような判断をするのかを見ることができました。

規模の大きい企業では、こうした最終的な意思決定はなかなか見ることができないでしょう。

小企業では、自分に最終決定権がなくても、会社全体を見渡すことができ、職務範囲にこだわらずに仕事をおこなう柔軟性が求められます。

パターン 2
社員数200人の場合

まだ総務部は存在しない規模です。日本企業であれば意外なことかもしれませんが、**外資系ではありえます。**

私がこの規模の企業に勤めていた頃、他部署の責任者たち

から、「郵便物は、人事部が1階から回収して各部署に配布してもらえないか」と頼まれました。

　本来、人事部の仕事ではないので、部下たちのことを考えると簡単には引き受けられません。各部の秘書の方に日替わりで郵便物を取りに行ってもらうよう提案し、納得してもらいました。

　ちなみに社員数200名であれば、ほとんどの社員の顔と名前が一致していました。社内で起こる、人事に関係する情報は、自分が直接知るか、または部下を通して把握できていました。

　このような中規模の企業では、「職務範囲」を超えた仕事が増える可能性はあります。

　それでも小企業よりは解決策の選択肢が多く、大企業と比べても「組織の歯車である」という感覚をまだ持たないで済むでしょう。

パターン 3
社員1500人の場合

　総務部があり、メール・ルーム（郵便物仕分け室のような部屋）があります。膨大な郵便物を受け取り、送り出す専門

家がいます。

　人事部は郵便物に関与する必要がなく、本来の職務範囲を超えた仕事の負担はありません。役割がしっかり分けられているので、仕事はスムーズに進み、ありがたいほど楽だと感じます。

　また、**社員数が多いほどプロジェクトの予算額が増える**ので、仕事のスケールもより大きくなり、仕事が楽しくなりました。

　その一方、1500人の顔と名前を一致させることは不可能になりました。名前を覚えられるのは、社長とその直属の部下（本部長）、その下の階層くらいまで。

　また、人事に関する情報で、自分の耳に届かないことも出てくるようになり、組織の大きさを痛感しました。

　企業の規模が大きくなると、**職務範囲を守ろうとして仕事のやり方が変わります。**「組織の歯車である」という感覚が強くなるでしょう。

　あなたは、どのような職場環境で働きたいですか？

企業文化は、会社の「成熟度」によっても変わる

　企業には、成長のステージがあります。創業期・成長期・成熟期など、各ステージによって求める人材は違ってきます。

◎ 創業期の企業が求める人材
- メンタルが強い
- アイデアが豊富
- 変化に対応できる柔軟性を持つ
- 職務範囲にこだわらないで仕事ができる
- 長時間労働になる可能性を理解している

◎ 成長期の企業が求める人材
- 会社のビジョンを理解できる
- 速いスピードで仕事ができる
- 走りながら考えて結果を出しつつ、プロセスも作れる

◎ 成熟期の企業が求める人材
- 安定している
- ルーティンの仕事を着実にこなせる

- 継続力がある
- ゼロから作り出すよりも、メンテナンスが得意

実際にあった例で見ていきましょう。

ステージ 1
創業期

先述したように、私は社員3人で米系企業のアジア・パシフィックの本部を立ち上げたことがあります。

社員数3人の企業で、私よりほかの2人の役職が圧倒的に上なので、とにかく自分ができる仕事をどんどん片付けることが必要でした。「こんな細かい仕事をしたくない」と思う瞬間があったとしても、立ち止まったら会社が動いていかないのです。

とはいえ、創業期を経験したメリットもありました。あるとき、ビルの防災訓練のために、会社の代表として会議に参加したのです。「本来なら総務部の仕事なのに」と思いながら、渋々の参加でした。

ところが後に、ほかの会社の人事部として総務部マネジャーの採用面接をおこなった際、防災訓練に関する話題が

出たのです。候補者の話が私の腑に落ちず、いろいろ質問をしていくうちに、履歴書に書いてあるほどの経験者ではないとわかって採用には至りませんでした。

小さい会社だからこそ、通常の職務を超えた経験ができ、いつか役立つことがあるとわかった機会でした。

ステージ 2
成長期

私はある IT 企業の採用チームに属していたとき、社員数を 500 人から 1 年で 750 人に増やした経験があります。

IT 関連人材 250 人を採用するのは大変なことでした。というのも、一般的に人事部は、採用者数の 10 〜 15 倍を目安として履歴書を集める必要があるのです（会社の立地が良ければ採用数の 10 倍、会社の立地が悪ければ候補者にとって魅力的でないため 15 倍が目安）。2500 〜 3750 枚の履歴書を前に、採用チームは本当に大忙しでした。

また、成長期の企業は、**仕事をこなす「スピード」が重要であり、途中で疲弊して心が折れないためには、会社の方向性を理解しサポートしようとするマインドが必要**です。

当時は本当によく働いていましたが、会社が成長している

という実感があり、毎週金曜の夜には打ち上げを開催して大盛り上がりするなど、充実して楽しかったです。

ステージ 3
成熟期

　本来であれば、会社の成長ステージにかかわらず「変革心」が求められる時代ですが、このステージに達すると、**変化を望まない人材が多くなる傾向**にあります。

　すでに作られた業務プロセスやルールがあり、それを踏襲していれば、とりあえず日々の業務は回るので、新しいことに果敢にチャレンジしようとする社員の比率はおのずと下がります。

　どうしても新しいことをやりたい人は、途中で転職することになるかもしれません。

　また成熟期は、**決められたことをきちんと遂行する能力が高く、信頼感・安定感に秀でている人が求められる**場合が多いです。

　そして成熟期に達した外資系企業は、企業文化が日本的になる可能性が高まります。

日本の市場で認知され、安定しているため、社長は日本人である可能性が高く、「根回し」「飲ミュニケーション」「会議が多い」など、日本的な企業文化の特徴が比較的多く見受けられます。

　このように、会社の成熟度によって、求める人材が違います。
　あなたはどのステージの企業を選ぶと、輝きながら成果を出せそうでしょうか？　それぞれの違いを理解して、自分に合った会社を選びましょう。

> **★各ステージの特徴まとめ**
>
> 1. **創業期**
>   - 通常の職務を超えた仕事も…
>   - それが、いつか役立つこともある！
> 2. **成長期**
>   - 仕事をこなすスピードが重要
>   - 会社の成長を実感！
> 3. **成熟期**
>   - 既定のプロセスやルールを踏襲
>   - 信頼と安定！

企業の求める「スピード感」は、意外な盲点

　転職先を探すとき、企業が求める「スピード感」を意識する人は、あまりいないかもしれません。

　同じ業界内での転職ならほとんど変化しませんが、異業種への転職の場合、仕事のスピード感は大きく変わる可能性があります。業界におけるスピード感を見落とすと、転職後に「失敗した」と感じることになるかもしれない、大きな要素です。

　企業が人材に求めるスピード感は、①その企業の商品開発サイクルと、②モノづくりをしているかどうか、によって大きく左右されます。

　スピードが速い業界は、IT、証券会社、立ち上げ企業、ベンチャー企業などです。

　まずITは競争が激しく、新しい商品やサービスの市場投入サイクルが速いので、のんびり仕事ができる職場ではありません。ハードとソフト、どちらを扱っていても状況は同じです。

証券会社は、ほとんどの部署が市場の動きに連動して仕事をするので、求められるスピードはおのずと速くなります。
　立ち上げ企業・ベンチャー企業も、のんびりしていたら企業そのものが立ち上がらないばかりか、立ち上がってもすぐに競争に負けてしまうので、日々、速いスピードで切磋琢磨することになります。

　逆に、スピードが遅い業界もあり、製薬会社がその代表です。製薬会社は商品開発のサイクルが非常に長いという特徴があり、10年もの長い時間をかけて慎重に新しい薬を開発しています。
　そもそも新薬の研究開発には膨大な時間がかかるうえ、薬の安全性を最優先するため、認可のプロセスにも時間を要するのです。求める人材のタイプは、「安定して着実な仕事ができる人」。スピードはゆっくりでかまいません。

　スピード感の中間に位置するのが、モノづくりをしている会社です。
　モノを製造・販売している企業は、商品開発にあたって製造・マーケティング・物流など、かかわる部署が多く、作業も多岐にわたります。各部署の調整作業が多いので、スピード重視で仕事を進めることには限界があります。

仕事のスピード感の速い／遅いには個人差があり、速いから良い、遅いから悪い、というものではありません。

大事なのは、企業が求めるスピードと自分のもつスピード感が合うかどうか。それが、職場で自分の能力を発揮できるか、気持ちよく働けるかの鍵を握っています。

例として、私の元部下のエピソードをお話しします。

私がある米国系IT企業に勤めていたとき、部下の一人に、人柄がよく仕事もできるがスピードはゆっくりという男性がいました。その企業では驚くほど速いスピードで物事が動いていましたが、彼はのんびり構えて仕事をしていました。

急いでいるときもかなりゆっくり話しかけてくるので「もう少し速く話してもらえないかな。今、すごく忙しいの」と喉元まで出かかったのですが、それも彼の個性だから仕方ない、とぐっとこらえたこともあります。

他部署の部門長からも、彼のスピードを指摘されましたが、自分の部下なので守りました。

ところが1年後、彼はメーカーに転職することになったのです。なぜ辞めるのかと聞いたところ（大手外資系にはExit Interview（退職インタビュー）という制度があり、退職者に理由を聞ける）、彼の理由は「スピードについていけないから」でした。

もう1つ、私自身の実体験。私が持って生まれたスピードは、かなり速いと思います。GE、モルガンスタンレー、米国系IT企業2社に勤務し、スピードの速い企業で働くことを楽しいと感じていました。

　一度だけ、スピードのゆっくりな企業に勤めたことがあります。業績の良い会社でしたが、日々の職場での動きがとてもゆっくりで、その点は苦痛でした。「スピード」という要素において、私はまったく合っていなかったのです。

　転職するとき、企業が求める「スピード」を確認することをお勧めします。

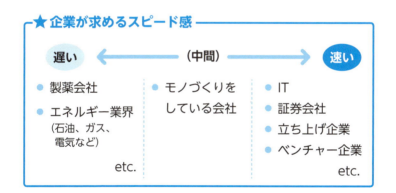

自分のポジションが置かれた状況を把握する

　外資系の企業文化は「規模」「成長過程」「スピード」によって異なるとお伝えしてきましたが、近年はもう1つ、**採用面接の際に「個々のポジションの置かれた状況」をなるべく正確に把握することが大切**です。

　変化や競争が激しいこの時代に、組織の求めるものは以前ほど単純でないからです。

　たとえば、「1000名規模のIT企業が成長期にあり、新しいサービスを創るため、AIを既製品に応用する事業部を立ち上げようとしている」とします。それぞれの部が独立採算で黒字を目指しているので、専任の会計士が必要となり、採用を考えているところです。

　本来、会計士は、数字の流れを着実に押さえるスキルが重視され、スピードはあまり問われない安定した職種のはずですが、このケースは例外です。

　上位の組織（IT企業）は「スピードが速い、ビジョンを理解できる、成長意欲が高い」人材を求めていて、中間の組織（新事業部）も最先端技術を使って立ち上げるために「ス

ピードが速い、情熱とアイデアや企画力が強みである」人材を集めていると思われます。

ここでは、会計士とはいえ速めに作業をすることが求められる可能性が高いです。また、周りのペースに振り回されないことも必要になるかもしれません。

こうした求人に応募する際は、**1人の会計士として実力を発揮できる環境かどうかを、面接時に確認すること**が望ましいでしょう。

外資系の構造は、以前より複雑です。「規模」「成長段階」「スピード」の軸を、応募先の「企業」「属する部」「自分のポジション」ごとに当てはめて確認し、総合的にご自身との相性を見極めましょう。

★応募先の状況チェック！ ○をつけてみよう

	規模は？	成長段階は？	スピードは？
企業	小・中・大	創・成長・成熟	遅・中間・速
属する部	小・中・大	創・成長・成熟	遅・中間・速
自分のポジション	小・中・大	創・成長・成熟	遅・中間・速

Column 3

外資なら転職経験が多くあっても大丈夫？

　この質問の答えは NO です。まず、1 社に最低 3 年は勤めることをお勧めします。合わないのに無理やりしがみついてもしょうがないとはいえ、3 年以内で積み上がる経験値はいかほどのものでしょうか？　1 年目は仕事を覚える、次の年はほかの社員の助けなしでやってみる、そして 3 年目は自分流にいろいろ試してみる。このサイクルを回さないと、何かを達成したとは言えないように思います。

　ご自身の会社員としての年数を 3 で割ったらいくつになりますか？　結果が「6」に達したあたりからは慎重に会社選びをしないと、45 歳以降の転職は大変になります（もちろん、起業する意志がある方は例外です）。

　企業側が、頻繁に仕事を変える方を採用したくない理由は、採算を気にするためです。仮に 3 年に一度という短いサイクルで転職歴 6 回の方が、次の会社だけ 10 年も勤めるとは思いにくい。人材採用にはそれなりにコストも時間も労力もかかるので、入社後、教育を施したのにまたすぐ辞められるのではかなわない、というところでしょうか。

　友人に、外資系マーケティングを転職してきた女性がいます。どういうわけか毎回、入社すると会社に大変革が起こり再転職せざるを得ないという、不思議な巡り合わせです。結果として 44 歳で転職 7 回。年齢と転職回数のバランスがとれていない彼女は、最終的に人脈を使って転職する以外、手段がなくなりました。キャリア後半で転職回数が多いと支障をきたす実例であり、人脈の有無で大きく左右されるという証でもあります。

3章

自分は「外資系」に合う？合わない？徹底セルフチェック！

自己分析でチェックしておきたい3つのこと
―― 転職理由、人物面、自分の強み

> **転職理由を深掘り**
> **―― なぜ「今」転職したいのか**

　外資系の特徴がわかったところで、今度は自分自身のことを分析しましょう。

　なぜ転職したいのか、自分の強み・弱みは何か、自分に向いている業種・職種は何か、など。

　本来であれば、企業分析よりも先におこなうべき、重要なステップといえます。

転職理由チェック 1
一時的な感情によるものでないか

　まず、自分の転職理由が「一時的な感情によるものでないか」を振り返りましょう。

　たとえば、「上司と相性が悪く、なんとなくうまくいっていない」とか、「同僚に意地悪な人がいて、いじめにあっている」など。

　あてはまる場合、**転職を考える前に、なるべく目の前の仕事に集中し、人間関係に振り回されないこと**がベストです。

　仮に「あの人は苦手」といった理由で転職すると、不思議なことに、新しい職場でも同じようなことが起こり得ます。問題を解決しないで逃げたツケが、また回ってくるのです。

　とはいえ、長期間の我慢を続けてメンタルバランスを崩しそうな場合は、辞めることも検討しなければなりません。とくに、1年以上異動が起こらない、もしくは異動を希望してもかなわない企業の場合は、転職せざるを得ないでしょう。

転職理由チェック 2
現状への不満によるものでないか

　次に、転職理由が「現状への不満によるものでないか」を振り返ります。

　たとえば、「仕事にやりがいがない」「給与に不満がある」「会社の将来性が不安」などです。

　自分の抱える不満が、客観的に見ても正当かどうか、確認したほうがよいでしょう。

　これも「転職理由チェック1」の理由と同様で、ちょっとした不満で転職をすると、何度も転職をくりかえすジョブホッパーになってしまうかもしれないからです。

　今の不満の原因をしっかりと把握し、くれぐれも同じ轍（わだち）を踏まないように気をつけましょう。

　現状から逃げているかどうかの再確認は、1章「逃げの転職は成功しない」の項目（P36）を参考にしながらおこなってください。

　客観的に見ても今の不満が正当だと判断できたら、転職の準備に進みましょう。

転職理由チェック 3
次のステージに向かう用意ができているか

1章で述べたように、本来、転職にあたってベストなタイミングは、**「現職で学ぶべきことは学び、会社に対してこれ以上、新しい貢献もできない。そして次のステージに進む用意が整っている」**と、胸を張って言えるときです。

この状態で面接試験を受ければ、ポジティブな会話ができるでしょうし、応募先の企業にも晴れやかな印象ややる気を感じさせることができ、「採用したい」人材に映るはずです。

★ 1つでも当てはまるなら見直しを

☐ 現職の上司と相性が悪いので転職したい
☐ 現職の同僚と付き合いづらいので転職したい
☐ 仕事にやりがいがないので転職したい
☐ 給与に不満があるので転職したい
☐ 会社の将来性が不安で転職したい
☐ 現職で学び残したことがある

外資系が求める人材(人物面)

　外資系企業で働くには、どのような人柄が求められるのでしょうか。
　ここでのキーワードは「アサーティブネス」「柔軟性」「能動的」の3つです。

キーワード 1
人前での「アサーティブネス」

　日本企業で働いているとあまり聞かない単語かもしれませんが、外資系企業で働くには「アサーティブネス」が求められます。あえて訳すなら、**「自分の意見を主張できる力」**です。

　2章でも前述したように、外資系は「謙遜」という美徳が通用しない企業風土です。
　とくに、外国人も参加する社内会議で、発言せず座っているだけの人は評価されません。意見がないこと、または上手に伝えられないことは、むしろマイナス評価になるでしょう。

会議やプレゼンの場などで、自分が積極的に意見を述べているシーンをまったく想像できない方は、外資系に向いていないといえるでしょう。

キーワード 2
想定外のことに動じない「柔軟性」

　外資系は、日本企業に比べると、短期的に運営する傾向にあり、劇的な方針転換がしばしば起こります。

　極端な例を挙げると、ある米国系IT企業が、インド最大のIT拠点・ベンガルール（旧称バンガロール）の人件費が高騰したのを受け、開発の拠点をほかに移そうと決めました。
　新しい拠点は、ヨーロッパにあるアルメニアで、国民あたりの工学博士号率が高い国でした。
　この企業は、新拠点を決める作業から人材採用、新事務所オープンにいたるまでを、なんと8か月でおこなったのです。この高速プロセスの最中に、ベンガルールで3分の2の社員が職を失いました。
　当事者にとっては想定外だったでしょう。良くも悪くも「外資的」の極みだと思います。

私がある外資系企業の日本法人にいたときの話ですが、大規模な採用活動を進めていたのに急に採用凍結（一定期間、採用を見合わせること）になるなど、想定外のことがたまに起こりました。

　柔軟性が足りない方は、「そんなのおかしい」「道理に合わない」と感情的になり、本社からの指示に対抗して行動をとることが遅くなったりします。
　こういった事態で**柔軟性を発揮して「しょうがない、今の自分にできるベストを尽くそう」**と、すばやく対応できるかどうかが、外資系で働く社員としての生き残りの鍵になります。

キーワード 3
キャリア形成は「能動的」に

　外資系において、社員一人ひとりがどうキャリアを築いていくか、考えてくれる会社は少ないです。基本的には社員の自己責任です。

　外資系のなかでも、新卒採用をおこなうのは大手企業だけです。大学生を一人前の社会人に育てるには、時間・お金・

労力がかかるので、中小企業は即戦力を期待できる中途採用しかおこないません。

「入社する人には、なるべく早く職場に慣れてもらい、貢献を始めて欲しい」というのが外資系の本音です。

キャリア形成においても、外資系の社員は自分で自分自身の将来を考えて、挙手性の社内研修を受ける、異動を願い出るなどの行動を、積極的に取る必要があります。

待ちの姿勢でいても、チャンスが巡ってくることは、まずありません。

能動的に行動できるかどうかも、外資に向いているかどうかの指標だといえるでしょう。

自分の強み・弱みを探る

　外資系企業に転職したいと思っても、そもそもの資質として、外資系が合っているかどうかが重要です。
　ここでは、自分が外資系向きなのかどうかを事前にチェックする方法を紹介します。

　私のもとにキャリア相談にいらっしゃる方から「自分の強みがわからない」といった声をよく聞きます。
　転職活動をするうえで、自分の強みと弱みを自覚することは、何より重要なことです。
　なぜなら、**キャリアアップに成功している人は、「自分の強みと弱みを理解し、得意なことに注力して結果を出す。苦手なことには手を出さない」**、そういった意識ができているからです。

　自分の強みを知るには、いくつかのアセスメント・ツールがありますが、私がお勧めしたいのは、**英国発の「ルミナスパーク」という分析ツール**です。
　ルミナスパークとは、ユングの分析心理学と、Big5理論

の心理傾向理論をベースとした心理測定・自己分析ツールで、ウエストミンスター大学による最新の実証研究をもとに、英国ルミナラーニング社により設計されました。世界の一流企業が導入しています。

　簡単に紹介すると、ルミナスパークでは144の質問の回答結果から、人間を以下のような4色に分けて、大まかな傾向をつかみます。

- **赤：結果重視**
  特徴：タフ、競争心が強い、主導権があるなど
  適職：セールス、社長業、アスリート
- **黄：ビジョン重視**
  特徴：想像力豊か、革新的、概念的など
  適職：マーケティング、起業家、アーティスト
- **青：データ重視**
  特徴：根拠重視、実践的、慎重など
  適職：経理、法務、エンジニア、秘書
- **緑：人間重視**
  特徴：受容力、協力的、共感的など
  適職：人事、NPO・NGOの職員、メディカル関連（看護師など）

このほか、マンダラで24の資質を分析するなど、こまかい分析がおこなわれますがここでは割愛します。

　私がコンサルティングを担当した、具体的な事例を紹介しましょう。
　相談者Dさんは34歳男性、日本企業でセールスをしています。実績は挙がっていて上司に高く評価されていますが、人事の仕事に興味があり、キャリアチェンジを考えています。
　TOEIC710点で、管理部門の一般社員としてはやや英語力不足ですが、良い人間関係を築く力に本人は自信があり、面接試験まで進めばうまく自分をアピールできると考えています。
　Dさんは明るく、自分の意見を上手に主張できるタイプなので、私の経験則で、まず「外資系に向いている」と判断しました。

　次に、ルミナスパークの診断結果（次頁）から、セールスと人事のどちらが彼に向いているかを読み解きます。
　ほとんどの人が、このように何かしら複数のカラーを持っていることが多いです。

相談者Dさんのルミナスパーク診断結果（一部抜粋）

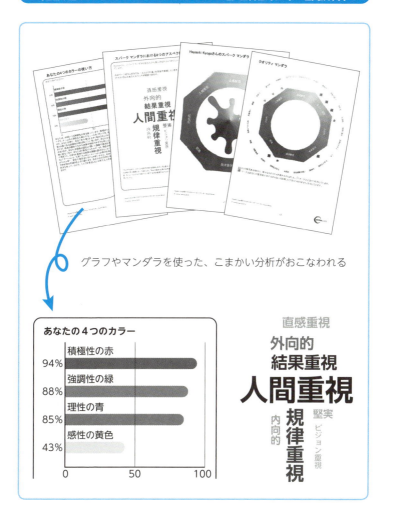

Dさんが現在、セールスで良い成績を出せているのは「赤：結果重視」が強いため、そして人事に興味があるのは「緑：人間重視」のスコアも高いためでしょう。

　この結果から「人事には向いている」と判断できますが、気をつけないといけないのは、人事という仕事は、明確な数字で結果を測れないことです。

　Dさんは４つのカラーで分けたとき、「赤：結果重視」のスコアが最も高いので、仕事の中身が感覚的で、かつ自分の貢献度を数字で測れないとしたら、長期的には満足できない可能性がかなり高いです。

　これらを把握したうえで、それでも人事の仕事をやりたいのであれば、現在の勤務先で、社内異動できないかを考えるのが一番早いです。

　すでに実績を挙げていて、各部門長との人間関係も良いようなので、会社も希望を聞いてくれるかもしれません。

　どうしても外部に出たい場合は、人事関連の商品（たとえば研修や診断ツールなど）をセールスする仕事をお勧めしたい、とDさんにお伝えしました。

　現在のキャリアから外れず、本人の満足度が長期にわたって高く維持できる仕事だと判断するからです。

以上はルミナスパークを使った自己分析のほんの一例ですが、本気の転職を考えるのであれば、こうした本格的なツールでコンサルティングをおこなっている会社で診断してみることをお勧めします。

　キャリアで成功するには、自分の強みを活用するのが早道です。強みを再認識してから転職活動を始めると、効率が良く、軸がぶれません。

どの価値観を優先させる?
―― なぜ転職し、なぜ働くのか

自分にとっての「働きやすさ」、ここで見極める

転職にあたっての重要ポイントは、現在の自分の「価値観」を把握しておくことです。

ここでいう価値観とは、**自分が仕事や人生において何を求め、何を大事にしているか、**という**優先順位**のこと。自分の価値観をあらかじめ把握できていると、軸がぶれずに転職活動をおこなえます。

一方、価値観の確認ができていないままで活動を始めると、本来ならば第1志望でない企業であっても「採用面接の面接

官が魅力的」というだけで入社したい気持ちがわいてきたりして、軸がぶれやすいのです。

また、本当は「やりがい」を求めて始めた転職活動なのに、面接時に「給与が想像より良い」とわかった瞬間、それだけですごく良い会社に思えたりすることもありえます。

人の価値観は変化するものなので、今の自分の優先順位を確認しておきましょう。以下に、転職に関係する主な価値観を28個挙げました。

競争	チャレンジ	職場	社会貢献
権力	芸術性	年功序列	共同作業
意思決定	創造性	精密な仕事	対人関係
地位	刺激	ルーティンワーク	平穏
昇進	多様性	単独作業	家族
収入	独立性	専門家	コミュニケーション
ハイペース	学習	仕事の継続	健康

ノートを用意し、

「最重要」

「重要」

「普通」

「あまり重要でない」

「不要」

　と書き出して、それぞれに割り振ってみてください。「最重要」に選んだもののなかで、さらに順番をつけていき、1位を決めましょう。こうして、自分にとって今、最優先したい価値観が明確になります。

　この優先順位こそが、「働きやすい」企業を選ぶ基準になります。

4章

読まれる英文履歴書の徹底解説

書類選考で勝ち残る！
英文履歴書の作り方

応募書類には2種類ある

　この章では外資系転職で絶対に必要になる英文履歴書の作り方をご紹介していきます。

　一般的に、英文履歴書と呼ばれる書類には**「カバーレター」**と**「英文履歴書本体」**の2種類があります。
　カバーレターとは、自分の経歴と志望動機を、アピールする書類です。
　英文履歴書本体とは、応募者がこれまでの経歴を端的にまとめ、企業側に求人ポジションとの適合性を判断してもらう

ための書類です。

　用紙はA4サイズのコピー用紙を使い、カバーレターは1枚、英文履歴書本体は3枚以内にしてください。職歴が15年以内なら、本体は2枚におさまるはずです。文章が長ければ良いわけではないので、気をつけましょう。

　カバーレター、履歴書本体の順に、作成方法とポイントを紹介します。

カバーレターの作成方法とポイント
── カバーレターは不要？

　多くの方が、「採用担当者が最初に目を通すから」と、書類の一番上に乗るカバーレターに力を入れがちです。

　しかし実際は、**カバーレターはほとんどの担当者があまり読まない**ので、作成に労力をかけるのは効率が良くありません。カバーレターの作成にあてる時間があれば、履歴書本体を整え、可能なかぎり提出先に合わせた調整をおこなうことお勧めします。

　採用担当者がカバーレターをあまり読まない最大の理由は、**カバーレターはあくまで「文章による自己PR」にすぎない**

からです。多くの場合、応募者が自分自身を魅力的で大きく見せるよう、かなり"盛った"内容になります。

それに対して、**履歴書本体は事実の積み上げ**で、自分を大きく見せるにも限界があります。

これまでのキャリアにおいて本当に何を成し得たかは、履歴書本体を読まないとわからないのです。つまり、**採用担当者が注目するのは履歴書本体！**ということです。

ただし、例外的なケースが2つあります。

1つは、履歴書中に出てくる公式の英語力（TOEICスコアなど）と、実際に履歴書を書く英語力に差があると感じた場合です。

このとき採用担当者は、カバーレターに目を戻します。たとえば、TOEIC730点と書かれているのに、文法ミスやスペルミスが1つもない完璧な英語で履歴書が書かれていたら、不思議に思うのは当然です。

カバーレターは、A4用紙1枚の3分の2ページ以上はある長い文章ですから、英語力がはっきりと表れます。履歴書本体と同様、カバーレターも完璧に近い英語で書かれているようなら、「この書類一式は、誰かに代行で書いてもらった可能性が高い」と判断されるでしょう。

つまり、この書類上の英語力は当てにならないと思われるわけです。

　もう1つのケースは、求人票にある要件や職歴と、応募者が提出した履歴書の内容が合致しない場合です。
　その際、採用担当者はカバーレターを読んで志望動機をたしかめます。
　なぜ要件に合わない人が応募しているのかを確認し、その理由に納得すれば次の選考に進む可能性もありますが、納得しなければ、残念ながら書類選考で断ることになります。

　次頁に例として、**今までのキャリアはセールスだった人物が、マーケティングに応募する場合のカバーレター**を挙げます。
　これは、ドイツ車メーカーの日本法人に宛てたものです。現職がセールスであるのにマーケティングに応募した理由は、「製品（車）の大ファンで、日本での認知度を上げたいと願っているからです」と自己PRしています。
　そして「売り上げに対する強いコミットメント、情熱、製品知識をもってすれば、マーケティング・スペシャリストの仕事はできると思う」と訴求しています。

※実際はこの内容をA4用紙1枚におさめます

① **個人情報（自分の名前、住所、電話番号、メールアドレス）**

② **提出年月日**

③ **応募企業の宛先と住所**
訳▶ 〒107-1234 東京都港区雁夜 1-2-3
（株）日本ラッキーモーター　人事部御中

④ **応募するポジション名**
訳▶ マーケティングのポジションにつきまして

⑤ **部署名（担当者がわかれば実名）**
訳▶ 採用担当者様

⑥ **求人広告が掲載されていた媒体と、応募ポジションを明確にする**
訳▶ 御社のHPに掲載されております、マーケティング・スペシャリストのポジションに応募したく、履歴書を送らせていただきます。

（つづく）

カバーレターの作成例

Mikako Suzuki
1-2-33 Tatsumi, Kita-ku,
Tokyo 145-6789
090-1111-2222 / Mikako.Suzuki0101@atglobe.com ①

May 13, 2019 ②

Human Resources
Lucky Motors Japan
1-2-3, Kariya, Minato-ku,
Tokyo 107-1234 ③

Position: Marketing Specialist ④

Dear Recruiting Department, ⑤

I am enclosing my resume in response to your advertisement on your website for the position of Marketing Specialist. ⑥

採用担当者はここを見る！

⑦ 応募先企業の商品に関する知識や、つながりを感じられるエピソードを交え、興味の高さをアピールする

訳▶ 私は御社製品の大ファンで、日本でのブランド認知度を高めることに貢献したいと願っております。ラッキーモーター社についての記事を読んでおりまして、御社のドイツ国内競合がNo.1ドイツ車を生産していると、かなり多くの日本人が信じているとわかりました。御社の歴史のほうが長く、ドイツ国内ではトップの売り上げを挙げていることを考えると残念です。私は、大学生の時に1年間、デュッセルドルフに住んだことがあり、御社の車については非常に詳しいです。

採用担当者はここを見る！

⑧ なぜ自分が適任だと思うかを説明する

訳▶ 現職は営業ですが、商品を売るだけでなく、商品をPRする企画を立てる側に移行したいと思っております。売り上げに対する強いコミットメント、情熱、そしてラッキーモーター社の製品知識をもってすれば、マーケティング・スペシャリストの仕事を遂行することは可能と信じております。

I am a great admirer of your products and would like to contribute to a higher awareness of their brand among Japanese. Pursuing articles about Lucky Motors, I found that quite a few people believe that your competitor produces the best German car today whereas Lucky Motors has a longer history and a better sales record in Germany. I lived in Dusseldorf for one year when I was a college student and, therefore, have first-hand familiarity with your company's products. ⑦

While my current function is in sales, I would like to transition to generating ideas on how to promote products, not just selling them. I am confident that my sales drive, passion, and knowledge of Lucky Motors products will surely make me a qualified Marketing Specialist. ⑧

I would be honored and privileged to have an opportunity to meet with you in person and discuss in detail how I may contribute to Lucky Motors. I thank you, in advance, for your consideration. ⑨

Sincerely yours, ⑩

Mikako Suzuki ⑪

⑨ **面接を依頼する**

訳 ▶ 御社にどのように貢献できるかにつきまして、直接お目にかかって詳しくお話しできたら幸いです。どうぞよろしくお願い致します。

⑩ **結びの言葉**
⑪ **自分の名前**

　以上が、カバーレター作成時のポイントです。とくに⑦⑧は重視しますので、しっかり自分の言葉で、情熱をこめて書けるようにしましょう。

　カバーレター内に多少、誇張した表現——たとえば "Great（偉大な）" "Surely（間違いなく）" など——が含まれることは、採用担当者の印象を悪くしません。

★ **カバーレター作成時のポイント**

- ✔ 自分の言葉で
- ✔ 端的に
- ✔ 例を挙げて
- ✔ 具体的に
- ✔ 情熱をこめて、自己アピールをする

英文履歴書本体の作成方法とポイント

　外資系企業への転職活動を進めるにあたり、英文履歴書本体を作成することは必須です。

　多くの求職者は「自分が提出した履歴書を、採用担当者はよく読んでくれる」と思いがちなのですが、実際は、残念ながら斜め読みになることが多いです。

　応募者から見ると、企業と「1対1」の関係ですが、**履歴書を受け取る企業側からすると、関係は「1対"多"」**になります。

　そのうえ、時間の制約があるので、一人ひとりの履歴書に隅から隅まで目を通すのは、物理的に不可能です。

「採用担当者によく読んでもらえないかもしれない」ことを前提に、英文履歴書を作成する必要があるので、そのコツを紹介します。

　まずは、次の作成例をざっと見てください。

※実際はこの内容をA4用紙3枚以下におさめます

① 個人情報（名前、住所、電話番号、メールアドレス）

② キャリアの要約

訳▶ 10年以上の営業経験あり。現職が自動車部品会社なので、自動車業界については非常に詳しい。売り上げアップを図るPR活動および企画に携わりたく、マーケティング職を希望

③ 強み

訳▶ ・戦略思考に長けている
・売り上げに強くコミットする結果重視型
・顧客と良好な人間関係を築くのが得意

採用担当者はここを見る！

④ 職歴 ―――――――――――――――― 最重要ポイント

訳▶ 2016年12月〜現在　株式会社A（自動車部品）
アカウントマネジャー
・12か月で統括するチームの売り上げを24%増
・個人の売り上げ目標を2年連続115%達成

（つづく）

英文履歴書本体の作成例

Mikako Suzuki

1-2-33, Tatsumi, Kita-ku,
Tokyo 145-6789
Mobile: 090-1111-2222
E-mail: mikako.suzuki0101@atglobe.com

①

Summary

Over ten-year experience as a salesperson. First-hand familiarity with the auto industry on the strength of the current sales job with an automobile parts company. Seek a marketing position focused on sales promotion and planning.

②

Key strengths

- Skilled at strategic thinking
- Result-oriented with strong sales drive
- Excellent at establishing rapport with customers

③

Work Experience

Dec. 2016 - Present Company A, Ltd. (Automobile parts)
Account Manager

- ✓ Increased the team's sales by 24% in 12 months.
- ✓ Exceeded the individual sales target by 15% for two consecutive years.
- ✓ Worked with the Marketing department in developing product promotion plans.

④

　　　　・商品のPR計画作成にあたり、マーケティング部
　　　　　と協働
　　▶ 2008年4月～2015年11月　株式会社B（機械）
　　　アカウントエグゼクティブ
　　　　・新規の法人客を開拓し、売り上げを19%アップ
　　　　・既存客を失わない努力を続けた

⑤ 学歴
訳 ▶ 2003年4月 – 2008年3月　東洋大学 経済学部
　　　2005年9月 – 2006年8月　デュッセルドルフ大学に
　　　交換留学

⑥ 語学力
訳 ▶ ・日本語（ネイティブ）
　　・ビジネス英語中級、TOEIC 610

⑦ スキル
訳 ▶ PC：ワード、エクセル & パワーポイント

⑧ レファレンス
訳 ▶ リクエストに応じて、過去の仕事ぶりについて話してもらえる人をご紹介できます。

Apr., 2008 – Nov., 2015 Company B, Ltd. (Machinery)
Account Executive
- ✓ Acquired new corporate accounts, resulting in a 19% sales increase.
- ✓ Maintained existing corporate accounts.

EDUCATION
Apr., 2003 – Mar., 2008   BA, Toyo University
Sept., 2005 – Aug., 2006   Exchange student at Dusseldorf University

LANGUAGE
· Native speaker of Japanese
· Proficient in business English (TOEIC 610)

SKILLS
· Computer: Microsoft Word, Excel and PowerPoint

REFERENCES
Available upon request.

各項目の要点は、以下のとおりです。

① Personal Information（個人情報）

この部分は**ページの「中央揃え」で配置する**のがポイントです。絶対の決まりではありませんが、履歴書を読む人は「この位置に名前などの個人情報がある」と思って最初に見るので、この位置をお勧めします。

デザイナーなど、レイアウトの美しさで勝負する職業に就いている人（また、そうした職種への応募者）であれば、自由に場所を変えて書いても、問題ありません。

なお、**日本語の履歴書には生年月日や顔写真が必須ですが、英文履歴書では不要**です。転職志望者を年齢や容姿でふるいにかけないのが、外資の採用方針だからです。

② Summary（キャリアの要約）

これまでの経歴を3行ほどでまとめます。

たとえば、「エンジニア経験5年」「カスタマーサポート経験が6年あり、会社のWEBサイト更新の仕事を2年していました」などです。

この項目は、長すぎないことが重要です。**あくまで履歴書本体の、見出しのつもり**で、書いてください。

③ Key Strengths（強み）

自分の強みを、多くとも5つまでに絞って書きます。たくさん書いても、採用担当者は最初の4〜5つくらいしか目を通しません。

最優先で書くことは、自分が持っているスキルと技術について。性格に関する強み（コミュニケーション能力やチームプレーヤーであることなど）があれば、その後に書きます。

採用担当者はここを見る！
④ Work Experience（職歴） ------------- 最重要ポイント

履歴書本体で、最も重要なのがこの項目です。

日本の履歴書と違い、「現職」から順に、過去にさかのぼって書いていきます。最初の職場は、この欄の最後に登場することになります。

なぜなら**採用側としては「応募者が現在、どんな仕事をしているか」が最重要なので、直近の仕事について深く知りたいから**です。かなり前の仕事のことを詳しく知っても、必ずしも現在には当てはまらないと思われるわけです。

現在および6〜7年以内の仕事を、より深く記述するのがお勧めです。

⑤ Education (学歴)

職歴と同様、**学歴も直近のものから順**に書いていきます。

大学院卒の人であれば、大学院名、大学名、という順番です。

高校名は書く必要がありませんが、もし高校時代に留学経験があるなら書いておきましょう。

自分にプラスになるアピールポイントであれば、忘れずに載せることがポイントです。

⑥ Language (語学力)

英語の公式スコアを書きます。ビジネス英語力を測るテストで、**日本で最も知名度が高いのは、TOEIC** です。

TOEICスコアがなく、TOEFLやIELTSなど、ほかのスコアがある場合は、それを記載します。ネットで検索すれば、TOEICの何点に相当するかがわかりますので、**TOEFLやIELTSのスコアの横に「IELTS 5.5（TOEIC 600-740相当）」などと括弧書きで書いておく**と、採用担当者がより読みやすくなります。

ここまでする理由は、外資系企業の採用担当者が全員、海外に留学しているわけではなく、TOEFLやIELTSのスコアを見てもピンとこないからです。

英検（実用英語技能検定）は、1級を持っている場合は書

きましょう。準1級以下の場合は、1級との間にだいぶ差があるため、書いても採用担当者にはあまりポジティブに映らないのが現実です。

⑦ Skills（スキル）

PCスキルや、専門分野の資格などを書きます。

自動車運転免許は、仕事として車を運転する必要がある方（たとえば物流など）以外は書かずに、ほかのことにスペースを回しましょう。

⑧ References（レファレンス）

レファレンスとは、応募者の人物調査のことで、この欄に「available upon request.」と書けば、「過去の自分の仕事ぶりについて話してくれる方のお名前を、求められればお知らせできます」という意味になります。

すべての職種で必要になるわけではありませんが、**管理職はレファレンスを求められる**確率がかなり高いです。

一般社員でも、**経理、人事、法務など、守秘義務がある部署に応募する場合**は、必要になる可能性があります。

転職活動を始めてすぐに用意する必要はありませんが、誰

にレファレンスを依頼するか考えておき、企業側から求められたらすぐお願いできるようにしておいたほうが無難です。

　この項目は基本的に「available upon request.」とだけ書いておき、採用面接で言われたら応じられるようにしておけばOKです。

　書類審査の段階から、レファレンスをお願いする方の名前や電話番号を記入している人がいますが、個人情報を守る意味でも、聞かれたらお名前を出す、という形にしてください。

★ 履歴書本体作成時のポイント

- 英文履歴書では生年月日や顔写真は不要
- 英語力レベルは、TOEICスコアが一番伝わりやすい
- いちばん重視されるのは「職歴」
- 現在および6〜7年以内の仕事を、より深く記述する
- 管理職のほか、経理、人事、法務などの部署はレファレンスを求められる可能性が高い

ここを押さえて、採用担当者の印象アップ！

英文履歴書はどこまで"盛る"？

　英文履歴書は基本的に、自分をアピールするツールなので、「盛る」ことはかなり許容されます。ただし、嘘をつかないことは大切です。

　たとえば、プロジェクト・コーディネーターとしての経験について書く場合、**実際には３つのプロジェクトしか手がけていないのに"many projects（たくさんのプロジェクト）"と書くのはNG**です。

　経験のある採用担当者であれば、面接時に「"many"と書いてありますが、具体的に数字にするとどうなりますか？」

と深掘りの質問をする可能性が高いです。

実績は、具体的な数字を挙げる

　履歴書に自分の実績を書くときは、具体的な数字を挙げましょう。

　たとえば、ITのヘルプデスクの仕事をしているなら、1年あたり何人くらいをサポートしているか、何年で何件くらいを扱ってきたかなど、数字でわかることが望ましいです。

　とくに、セールスのように売り上げに直接寄与する部署にいるなら、「2016年のノルマ4500万円、達成率105%、2017年のノルマ5000万円、達成率111%、2018年のノルマ5100万円、達成率108%」といったように必ず数字を挙げましょう。
　これが書けないと、ノルマを達成できていないのかと誤解されてしまうことがあります。

　マーケティングの部署であれば、これまで手がけたイベント数や、セールスに寄与した活動で数字になるものを、前面

に押し出して書きます。

　数字を出すのが難しいのは、ルーティンワークが多い管理部門などです。
　たとえば、経理の場合、毎月の仕事が決まっていて、数字で表せるものがない可能性もあります。
　その場合は、「いつも必ず締切を守り、上司から誉められている」「2015年、XX賞をもらった」などといった記載にするのがよいでしょう。

各部署の専門用語に要注意

　外資系で200名以上の会社になると、一次面接は通常、人事部が担当します。人事部は、他部署の専門用語を理解できないこともありますので、Summary（キャリアの要約）やStrengths（強み）に略語や専門用語が並ばないように気をつけましょう。
　たとえば英文履歴書に"HR"（人事）と書くとき、初めて登場する際は略さず"Human Resources"と書いて、次から"HR"と書くようにします。

専門用語については、たとえばエンジニアで「操作できるプログラミング言語」をいきなり羅列する方もいますが、詳細から入らないで、まずは「何年間、どの分野でエンジニア経験がある」など大枠を記すようにしましょう。

提出先の企業にあわせて英文履歴書をカスタマイズ

　英文履歴書をひととおり作成したら、それで安心してすべての企業に同じ履歴書を送る方がいますが、できれば企業ごとに微調整しましょう。

　たとえば、現職で秘書業務に就いている方が、2回目の転職で外資系にチャレンジするとします。
　最初の職場で彼女はグループ付きの秘書、現職では部長（個人）付きの秘書をしています。将来を見据えて、秘書以外の職種に挑戦したいと思っていたところ、やりがいのありそうなプロジェクト・コーディネーターの求人情報を見つけました。
　そこで、採用側に向けて「私は最初の職場で大人数をサポートしてきた経験があります。今回も必ずできます」とア

ピールする必要があります。

　ところが、いったん作成した履歴書のままでは現職がメインになっていますから、採用担当者は「個人付きの秘書なのか。大勢を扱うことに慣れていないかもしれないな」と安易な判断をする可能性があります。

　そこで、**応募先にあわせて履歴書を微調整することが大事**なのです。

- Summary（キャリアの要約）で「グループ付き秘書歴X年、部長付き秘書歴X年」と、重点を置きたいほうの仕事を先に書く
- Work Experience（職歴）では「グループ付き秘書」の文字を太くする
- どんな内容の仕事だったかを丁寧に書く

など、微調整をしておきましょう。

書類選考の裏ワザ
―― こまかいけれど実は重要なポイント

書体と文字の大きさ。ベストなのは、これ！

英文履歴書では、「Times New Roman」または「Arial」という書体が好んで使われます。これら以外の書体を使っても問題ありませんが、あまり突飛なものは使わないようにしましょう。

ちなみに、本書で例として出した英文履歴書は、Times New Roman を使っています。

2次面接では、1次面接よりも面接官の年齢層が上がる傾向にあります。面接官の多くは老眼であることに配慮して、

文字サイズは「11pt」がお勧めです。10pt 以下だと、担当者が拡大コピーをすることになり、手間がかかってしまうため、喜ばれません。

> ## 履歴書をネイティブに書いてもらってもいい？

　英文履歴書を自分以外のネイティブスピーカーに作成してもらうのは、やめたほうがいいです。
　なぜなら前述したように、**経験ある採用担当者には、本人が書いていないことが明らかだから**です。

　仮に、日本人であるあなたに外国人の方が「ある書類を日本語で書いて欲しい」と頼んできたとします。その場合、あなたはその方の日本語力にあわせて書類を作るでしょうか？きっと無意識に、完璧な日本語で書類を作るのではないでしょうか。
　英語ネイティブの人が日本人から履歴書作成を頼まれた場合も、それと同じことが起こります。英語が完璧すぎるのです。

実際、私がキャリア相談を受けた方に「この履歴書、ご自分で作成されましたか？」と尋ねたことが何回もあります。
　ネイティブに代行してもらった英文履歴書はすぐにわかりますし、それを受け取った企業の採用担当者としてはガッカリするものです。
　履歴書という重要書類を自分で書かず、お金を払ってなんとかしようとする姿勢が残念ですし、少なくとも良い印象は持たれないでしょう。

　履歴書は、自分の未来を切り拓く書類です。必ず自分の言葉で書くようにしましょう。
　もしかすると英文作成に自信がないのかもしれませんが、書類選考に通ったら、いずれ面接試験が待っています。文章上だけ盛ろうとするのは得策ではありません。

書類選考で落ちても一喜一憂しない

　転職活動では、精神的なタフさが試されます。活動が長引く場合もあるので、一つひとつの案件に一喜一憂していたら身が持ちません。

　自分に合う転職先が、たった1社だけ見つかればいいのですから、**書類選考で落ちることがあっても、なるべく気を落とさないで、気持ちを切り替えて**活動を続けましょう。

　そうはいっても、第1志望の企業からの返事があまりに遅かったり、数社の選考に落ち続けたりすると、気持ちを保つのはなかなか難しいかもしれません。

　私の友人に、カナダから帰国後、会社員に戻ろうと10社くらいの求人に応募した際、書類選考を軒並み通過できず、落ち込んだ人がいます。しばらくして、年齢がネックになっていると気づき、会社員はやめようと決めたことで、新しい道が拓けました。

　もう1つ実例を挙げると、私の友人に、子育てで6年間のブランクができたエンジニアがいます。復帰しようとたくさ

んの会社に履歴書を送りましたが、軒並み、選考に落ちてしまいました。技術革新がめざましい分野で6年もブランクがあっては、即戦力にならないといわれたのです。

そこで視点を変えて、プログラミングを子どもに教える会社に応募しました。すると、子育て経験も買われて、見事に合格。活き活きと仕事をしています。

ご縁がないときには理由があり、諦めなければ最後に道はちゃんと拓けるものです。自分を信じて、気持ちを強く持ちましょう。

最後に──「こういうときはどうするんだろう？」と疑問がわいたら、会社と候補者は「1対"多"」の関係であることを思い出してください。

書類選考する側の視点に立ってみて、**「たくさんの履歴書を読んでいる人にとって、どうしたら楽だろう？　手間がかからないで済むだろう？」**と考えたら、解決策はおのずと見えてくるはずです。

5章

1万人の面接を通してわかった、受かる面接の勝ちパターン

さあ面接！
準備しておきたいのは、
こんなこと

自分の精神状態をチェックしておこう

　転職活動における最終段階が「採用面接」です。

　それまでにどれだけ懸命にスキルアップを図り、応募書類を完璧に用意したとしても、最終的には面接で合否が決まります。筆記試験がない企業はあっても、面接がない企業はありません。

　転職活動を成功させるための準備をしっかりおこなっていきましょう。

　まずは、自分を最高の状態にして面接当日を迎える必要が

あります。

　心の状態は、面接の場での言動に反映されるので、自分が今、どんな状態なのかを理解しておきましょう。

　次の質問に答えてみてください。

「現職で達成すべきこと、学ぶべきことは、もうないと言い切れますか？」

　この答えが「YES」なら、転職への準備が整っているといえます。
　晴れ晴れとした気分で、心も安定している確率が高いので、そのまま面接に向かって大丈夫です。

　要注意なのは、ちょっと後ろ向きの理由で転職する場合です。
　たとえば、人間関係の理由から転職せざるをえない場合、心にたまった憤りや不安、嘆きなどが、表に出る可能性があります。面接時に、現職や過去の職場の上司、同僚、部下の悪口を言ったり、返答にネガティブな言葉が多くなったりするなど。
「喧嘩両成敗」という言葉もあるとおり、2人の人間の間で

もめごとが起きても、どちらか一方だけが100%悪いということはほとんどありません。どちらも、何かしらの非があるはずです。

にもかかわらず、面接の場で他人の悪口を言う方は、採用側から見ると「職場が変わっても同じことになるのではないか」と、敬遠する可能性があります。

今、心の状態がよくないと感じている方はとくに、面接前に気分を切り替える工夫が必要です。自分なりの気分転換をして、面接に臨みましょう。

★おすすめの気分転換法

- 深呼吸をする
- トイレの鏡の前で、笑顔をつくる
- 散歩をする
- 癒しのアロマを嗅ぐ
- 美味しいものを食べる

服装など、外資系ならではのマナーはある？

　採用面接にあたって、服装やマナーで気にすべきことは、あまりありません。比較的カジュアルで大丈夫です。

　まず服装は、上下揃ったスーツでなくても良いですが、**きちっとしたジャケットを羽織ることを、男女ともに期待されている**と思ってください。

　カジュアルさを最も許容する IT 企業でも、採用面接の際に T シャツとジーンズは NG です。
　私の経験では一度だけ、胸元に大きな緑のカエル柄がある T シャツに黄色の短パンを穿いた方が、面接に現れたことがあります。その方は服装で不合格となり、もったいなかったです。

　現在の職場が非常にカジュアルで、ジャケットを羽織ると「あいつは他社の面接に行くのだろうか」と疑われてしまうような場合は、事前に「カジュアルウェアで面接に臨ませていただきます」と転職エージェントを通じて伝えましょう。

エージェント経由でない場合は、担当者とのメールのやりとりで伝えておくか、当日、面接のスタート時に、なぜジャケットを着用していないのかを説明してください。

採用側が事情をわかっていれば、面接のためにどこかでジャケットを羽織ったりする必要はありません。

30歳を超えた候補者で、いわゆるリクルートスーツを着用している方を、外資の採用面接で見かけることはありません。**没個性すぎるのは、評価を低くする**ので、適度に自分らしい装いをしてください。

日本企業の面接では、入室前のノックやドアをあけた後の一礼など、こまかいマナーが見られるようですが、外資の面接では、候補者がまず先に会議室に通され、後から採用担当者（面接官）が入室する流れになります。

担当者が椅子に座るべく近づいたら、候補者は立ち上がって「○○○○と申します。よろしくお願いします」と挨拶して座ります。

あとは最低限、敬語に気をつけるくらいで大丈夫です。

人事担当者はここを見ている！

感じの悪い人でないかどうか

　採用面接で人事担当者（面接官）がどの点を見るかは、企業によって違います。

　しかし、ここだけはどんな企業も見ている！という共通ポイントが1つあります。それは、「感じの悪い人は採用したくない」ということです。

　企業としては、能力やスキル、自立心などももちろん気になりますが、それ以前に、**同じ職場の仲間として一緒に働ける人なのか**を見ます。

どれだけ能力が高くても、職場の雰囲気を悪くしそうな人、覇気がなく暗い感じを受ける人、会社に溶け込む意思がないと感じられるような人は、できれば採用したくないのが企業側の本音です。

　最初に名乗る際、1回でいいので笑顔が出せると、だいぶ印象が違います。
　外資系は個人主義かつ成果主義とはいえ、チームプレーが求められる場面も多いです。第一印象で「暗い」「上から目線」「一匹狼タイプ」と誤解されないように気をつけましょう。

英語に不慣れだとわかる、アイコンタクトの薄さ

　外資系の面接では、アイコンタクトを意識しましょう。**面接でのやりとりが日本語であれ英語であれ、相手の「目」を見て会話してください。**

　日本の就職指導や新入社員研修では、「人と話すときは、3割は相手の目を見て、残り7割は相手の喉あたりを見て視線

を外しましょう」と指導されることもあると聞きます。

一方、外資系では、日本人同士でもアイコンタクトを取るのが当たり前なので、目を見ずに会話する方には違和感を覚えます。

採用担当者に「英語でのコミュニケーションに慣れていない」と思われては不利なので、アイコンタクトに慣れていない方は、相手の目を見て会話する練習をして、面接に臨んでください。

英語力を疑われる「うなずきすぎ」

面接が英語でおこなわれる場合、相槌（あいづち）の回数は多すぎないように注意しましょう。

日本語での会話における相槌は、「共感（＝あなたの話を聞いています）」を意味しますが、**英会話における相槌は、「同意（＝あなたの話に賛成します）」を意味します。**

英会話に慣れている人が頻繁にうなずくことは、ほぼありません。面接中にうなずく回数が多いと、相手から「英語に慣れていない」と思われがちです。

人事の直感
──2人以上が「ピンとこない」なら不採用

　採用担当者で、面接官としての成功体験が多い人は、いわゆる「勘(かん)」が働きます。人間には「顔相(がんそう)」があり、その人が歩んできた歴史が性格に影響し、顔に反映されるのです。
　その人が醸(かも)し出す雰囲気にも、コミュニケーション能力や人柄があらわれます。

　私の会社員時代、採用プロセスで人事の担当者2人以上が、「あの候補者は、なんとなく採らないほうが良いと感じます」と言った場合、なるべく採用を避けるようにしました。
　もちろん事業部が「即戦力になるし優秀だから、どうしても採用したい」と主張して、人事が押し切られて採用に至ることはあります。その場合、入社後2か月くらいで事業部から「○○さんのことで困っている」と相談に来られることが多かったです。

　人事の勘はありますし、当たるのです。

---- Column 4 ----

「外資系はハッキリ物を言うので怖い」の誤解

　外資系で働く人の多くが明確な物言いをするのは、それが英語圏で求められるからです。英語は「YES／NO」がはっきりした言語であり、自己アピール力が高いことを良しとする文化であることを反映しているだけにすぎません。明確な物言いイコール冷たい人かというと、そこはまったく違います。

　有名な文化の概念で「ローコンテクスト」対「ハイコンテクスト」があります。コンテクストとは「文脈」「状況」「脈絡」などを指し、それがハイ（高い）である場では「空気を読む」「行間を読む」「腹芸をする」「あ・うんの呼吸に気づく」能力が必要になります。日本人は、世界でも名だたるハイコンテクストの国です。

　先日、旅行中に居酒屋で日本の最たるハイコンテクストを目撃しました。カウンターにいるシェフが「トマトがなくなった」というと、奥からトマトを持ったスタッフが出てきたのです。外資勤務が長い私にとっては新鮮な光景でしたが、シェフが同じことを外国人に言ったら「トマトがなくなったから1パック持ってきてくれ」という意味だとは通じないだろうな、とも思ったのです。察する、おもんぱかるという習慣がない国から来ている人には、非常に難しいコミュニケーションです。

　一方、ロー（低い）コンテクストの場合は、文脈に依存して空気を察する割合が低くなるので、はっきり物を言わないと相手に通じません。世界で最もローコンテクストなのは、ドイツ系スイス人といわれます。

面接官に聞かれる、よくある質問トップ５

No.1:「現在、転職を考えている理由は何ですか？」

　この質問は、ほぼ100%聞かれると思ってください。

　転職理由がポジティブなものである場合は、そのまま伝えて大丈夫です。たとえば、次のような回答は、採用担当者に好印象を与えます。

「現職に５年務めておりまして、これ以上学べることがなくなりました。会社が小さくて異動や昇進ができないため、外部に出ようとしています」

他方、人間関係のもつれなど、ネガティブな理由から転職を考えている場合は、そのまま伝えてしまうと印象がよくありませんので、少し工夫が必要です。悪い例は、次のようなもの。

「上司と折り合いが悪く、マイクロマネジメントで困っています」

　仮にこれが本当の転職理由だとしても、客観的に見たら、候補者の主張が100％正しいかどうかは疑問です。
　採用担当者が判断に困る理由を述べると、不利に働く可能性もあるので、ポジティブな理由に置き換えましょう。

No.2：「現在の仕事の内容を教えてください」

　履歴書を読めばわかるはずの質問をしているのは、なぜだと思いますか？　初めて会う人に自分の仕事をわかりやすく説明できるかどうかは、地頭のレベルと直結しているからです。
　もちろん、比較的答えやすいだろうと思われる質問をして

候補者の緊張をほぐそうという、面接官の配慮もあります。

　ここで大事なことは、仕事の内容を小見出しのように並べ、枝葉の情報を話さないことです。面接官は、必要だと思えば追加質問をしますので、大枠がわかるように話すだけでじゅうぶんです。
　たとえば候補者が広報だとして、望ましい例は以下になります。

「広報担当者としての私の仕事は、大きく３つに分かれています。まず、会社のプレスリリースを書き、メディア媒体に流しています。
　２つめに、会社が対外的に会見をひらく際、スピーカーの原稿を用意し、会見をおこなうのに必要な会場・設備などの手配をおこないます。
　３つめに、会社の制作物に使用できる文字・色・ロゴなどを本社から取り寄せ、マーケティング部を含む各部署に徹底してもらうよう指導しています」

　自己紹介をロジカル（論理的）に短くまとめられると、面接官が具体的に質問しやすくなりますし、「この人は頭が良い」と評価してもらえます。

とくに、キャリアが長い方で10年以上前の仕事内容を話したい場合は、なるべく短くしましょう。

そうでないと自己紹介が非常に長くなってしまい、端的にロジカルに、という要件を満たせなくなります。

No.3：「長所と短所を教えてください」

この質問は、自分自身の棚卸しができていれば、すぐ答えられます。しかし、棚卸しができていないと、しどろもどろになりがちです。

長所は、思いついたままに答えても大丈夫ですが、**短所については「長所かのように聞こえる短所」として伝えることが大切**です。

たとえば、「慎重で、なかなか一歩を踏み出せない」のが短所だとしたら、そのまま伝えると、「新しいことにチャレンジできない」ように聞こえて不利です。しかし、次のように言い換えるとどうでしょう。

「慎重なところがあります。でも、そのおかげで、大きなミ

スをせずにすんでいます」

　このように、どんな短所もひっくり返せば長所に変えられます。
　まずは、P49やP108を参照して自分の棚卸しをおこなって長所と短所を明文化し、短所は長所に置き換える練習をしておきましょう。

No.4:「あなたは5年後、どうなっていたいですか？」

　この変革の時代に、5年も先のことを聞いてもしょうがないのですが、面接では案外、聞かれる質問です。
　面接官の意図としては、候補者の「志の高さ」を知りたいのです。**ぼーっとなんとなく仕事をするタイプなのか、目的に向かって頑張るタイプなのか**を見極めようとしています。

　ここで「わかりません」は、NG回答です。
　たとえば現職で部下をもっていないなら、「部下を育成する立場になり、マネジメントを学びたいです」とか、すでに部下がいるなら、「さらに大きなチームを任されるように

なって、スケールの大きな仕事がしたいです」といった答えが望まれます。

5年以内に起業を考えている方や、戦略的に数回の転職を考えている方は、ここで正直に答えてもメリットがありませんので、本音とは異なる回答にしたほうがいいでしょう。

No.5:「ほかの会社との採用面接の進捗は、どうなっていますか?」

どの会社も、候補者が自社に来てくれるかどうかに敏感です。第1志望でない企業に対して、仮に「御社だけしか受けていません」と答えても、後で内定をもらったときに自分が困ることになるので、ある程度は正直に答えましょう。

たとえば、こう伝えるのが賢明です。

「現在、御社のほかに2社、面接に進んでいる会社があります。ほとんど同じスピードで進んでいます」

こう答えておけば、採用側があなたを気に入った場合、2次面接以降のプロセスを早めに進めてくれるようになります。

採用面接、もうひと押し！

面接官へのアピールは、「志望動機の熱さ」が肝心

「第1志望の企業ではないが受かっておきたい」。そういう場合は、面接前に志望動機をよく見直すことが大切です。

第1志望であれば、入社したい理由が自分のなかで明確にあり、おのずと志望動機は具体的で説得力のある内容になります。

企業のホームページの内容もよく読み込んでいることでしょう。

しかし、第2志望以下の企業であれば、入社への情熱はだんだん薄れる一方で、ホームページもあまり見ていなかったり、志望動機が「他社にも当てはまるのでは？」というような一般的なものになったりする傾向にあります。

たとえば、ある女性が外資系の生命保険会社を受けるとします。第1志望の企業はよく研究したので、「御社の商品Xに、大きな可能性を感じています。また、御社のダイバーシティへの取り組みのなかで、女性の就労を応援されている点にも興味があります」など、志望動機を具体的に答えることができることでしょう。

一方、「あわよくば受かればいい」と思っている企業に対しては、志望動機を聞かれても「私は明るい性格で、お客様とお話しするのが大好きなので、生命保険の営業は天職だと思います」と答えることになります。

このように、ほかの生命保険会社でも使えそうな回答、またはほかの業種でも当てはまりそうな通り一遍の回答であれば、**面接官は「この候補者は、本気ではないな」と簡単に見透かします。**

会社側は、採用のプロセスにたとえ多くの時間を費やしても、最終的にオファーを出すとき、候補者が断る可能性が非

常に高いと思えば、途中で採用プロセスを中断することもあります。

「とりあえず受かりたい」のであれば、自分の志望動機をきちんと見直し、動機が弱いと感じたら、あらためて補強することを考えておいてください。

踏み込んだ質問にどう答えるか？

たまに、英文履歴書に書かれていることを面接官が深く聞こうとすると、うまく答えられない候補者がいます。これは面接官を驚かせます。本人が書いているはずの履歴書を見て質問をしたのに、答えられないとしたら明らかに準備不足です。

履歴書に書いた項目は、どこを詳しく聞かれても返答ができるように、**想定質問を考えるなど、準備を念入りに**してください。

また、提出前に履歴書を読み直して、「ここは面接で深く聞かれたくない」「質問されると答えられないかもしれない」と思う項目は、省くほうが無難です。英文履歴書は、自分で

責任を持てる状態で提出しましょう。

面接官が日本人であっても、英語で面接

　外資系では、面接官が日本人であっても、英会話で採用面接をおこなうことがあります。これは、**候補者の英語力を確認するのが目的**です。

　とくに、海外の専門学校・短大を卒業した方や、ワーキングホリデー経験者の場合、最初は面接官が日本語で会話していたのに、唐突に英語に切り替わることもありえます。

　もともと、大学・大学院への留学に比べると、専門学校・短大への留学は、入学時に求められる英語力が低くてもOKです。在学中に英語力向上の努力をするかどうかも、少し危うい傾向にあると採用担当者はわかっています。

　ワーキングホリデーの場合、現地で英語を使う機会がかぎられるので、真の英語力を面接で試されがちです。

　海外留学やワーキングホリデーそのものは素晴らしいのですが、実際に海外で何をしたかによって、本当に英語力の向上ができたか、その後も一定の英語力をキープできているか

は大きく異なってきます。

　面接での英会話は、完璧な発音や文法でなくても、もちろん大丈夫。**微細な間違いを気にしすぎず、自信を持ってしっかり話せるようにしておきましょう。**

　採用面接をうまく切り抜けるには、緊張しないことが肝心です。あがってしまうと頭の回転が鈍くなり、普段なら使える単語も出てこなくなります。
　自信がないとしても、「今さら、英語上級者であるかのように振る舞うのは無理なこと」と割り切りましょう。

　また、**ゆっくりしたスピードで話すこと、知っている単語を使うこと、なめらかに話すこと**を心がけましょう。
　緊張して早口になる方は多いですが、英語を一音ずつ切れ切れで話すと、とても聞き取りにくいです。ゆっくりでも途中で切れない英語のほうが聞きやすく、印象もよくなります。

　英会話に切り替わると、少し話してみて候補者が「これはダメかも」と感じることもあるでしょう。
　面接の途中で精神的に凹むと、なおさら英語力が下がってしまいます。ベストを尽くすつもりで、最後まで気を落とさ

ないことを心がけましょう。

給与交渉をしたい場合、いつする？

　外資系の採用面接で、給与交渉をすることは可能です。
　もちろん、自分の職歴・経験・スキルを「市場価値」から鑑（かんが）みたとき、応募先の給与額が明らかに低いと判断できることが前提です。

　やみくもに給与を上げようと交渉すると、転職活動がうまくいかないばかりか「お金のことしか考えていない人」と誤解されるリスクがあります。

　交渉をおこなうタイミングとしては、２次面接以降がよいでしょう。
　私がこれまで１万人を面接した経験から断言できることは、「１次面接から給与にこだわってそればかり口にする方に、まず優秀な人材はいない」というものです。
　優秀な方ほど、勤務先との関係は Win-Win であり、「社員が企業への貢献度を示すのが先」と理解しているように思い

ます。
　自分に自信があり、スキル・経験が上がれば、収入は必ず後からついてくるとわかっているのかもしれません。

　企業には、人件費の予算があります。
　市場価値から見て適当と思われる給与額が定まっているので、自分の希望ばかりを押し通そうとしないことが大切です。

　また、公の求人媒体に載っている情報に、給与の幅がある場合、企業がその上限を超えた金額で候補者にオファーを出すことは、まずない、と考えておきましょう。
　理由は、それぞれの職種に給与のバンド（幅）が存在し、逸脱すると部内のバランスが崩れるからです。
　そもそも、バンド内におさまっていないということは、その職種より上のポジションに就くべき人材である可能性もあります。

福利厚生について聞きたいときは、いつ確認する？

　福利厚生についても、2次面接以降で質問するほうが無難です。

「現在の職場が非常に忙しく、ワーク・ライフ・バランスを考えて転職活動をしている」という方であれば、有給休暇の取得率が気になるところでしょう。

　ですが、1次面接でそれを前面に出すと、面接官から「入社前なのに、もう休暇を取ることを考えているのか」と思われてしまうかもしれません。

　本来、有給休暇取得は社員として当然の権利ですが、**面接ではそれより前に、自分が仕事で貢献できることや熱意をしっかり伝えておくほうが賢明**です。自分が不利にならないために、採用側の心理を考慮しておきましょう。

　なお、**外資の給与体系に「手当」はほとんど存在しません**（営業コミッションは手当とは異なります）。基本給に全部込み込みというわけです。

　産休・育休はしっかり取ることができ、時短勤務の方も多いです。

面接後に気をつけたいポイント

熱意を示すお礼メールはすぐ出す

　志望度の高い会社であれば、採用面接の出来に関係なく、お礼のメールを出しましょう。

　採用プロセスで、複数の面接官が出てきたとしたら、**Ccで一括送信するのではなく、一人ひとりに１通ずつ丁寧に**出します。

　メールには「面接していただき、ありがとうございました」というお礼とポジティブな感想を書き、「次のステップに進めることを、心待ちにしています」と添えれば大丈夫で

す。

メールに対する返事がない場合もあるかもしれません。

その場合は、P127で紹介した「1対"多"」の法則を思い出してください。「自分に興味がないかもしれない」と思い込んでしまう必要はないのです。

単にたくさんの採用プロセスをこなしている最中で、どうしても手が回らないだけかもしれません。

焦って凹んだりせず、自分がやれることを淡々とおこなっていきましょう。

面接でこの質問が出たら、みずから断る勇気を

面接官が女性の候補者をどう扱うかは、会社の企業風土を大きく反映していることが多いです。

たとえば、**「いつ頃、結婚するの？」「お子さんはいますか？」などと男性の候補者には聞かないような質問**が出てきたら、要注意です。

外資系企業では、採用面接で候補者のプライベートなこと

について聞いてはいけない決まりになっています。

　とくに、失礼な質問をした面接官が、入社後の直属の上司になる場合は、ほかの会社を探したほうがいいかもしれません。女性に対する配慮ができない方のところに行っても、あとで苦労をする可能性がありますから、断る勇気を持ってください。

ご縁は不思議。落ちてラッキーな面接もある

　採用面接で落ちてしまうと、人間ですから精神的に凹むのは当然のことです。しかし、転職活動では自分に合う会社が1社だけ見つかればいいのです。ガッカリするのは応募先が絶対に素晴らしい会社だと思い込んでいるからですが、**実際のところは入社してみなければわかりません。**

　私自身が、面接で落ちてラッキーだった、としみじみ思った経験をお話しします。

　ある外資系製薬会社Yの人事部の責任者ポジションで、面接を受けたときのこと。仕事の内容は面白そうだし、自宅から近く、かつ車通勤ができ、和モダンな内装のオフィスも

素敵。私は強く「この会社に入りたい！」と願いました。

　ところが、面接結果は不採用。「ご経歴・お人柄は良いのですが、転職が多いことが気になる」という理由で次のステージに行けませんでした。当時、自分でも呆れるくらいにガッカリしてしまいました。それでもなんとか気持ちを立て直し、転職活動を続けたことで、半年後には別の企業に転職しました。

　それからわずか3か月後。日経新聞の一面に「Y製薬買収」の文字が躍ったのです。「買収した」のか「された」のかを知りたくて、あわてて記事を読むと、答えは「買収された」でした。

　買収された企業の社員が職を失わずにすむことは、少ないです。もしY製薬に入社していたら、私は転職したばかりの会社の人事部で、社員の転籍や退職を促すことに終始し、私自身も最終的に職を失うというシナリオになっていたでしょう。M&Aによる不可抗力とはいえ、多くの従業員を傷つけ、自分自身も傷つき再転職をしなければならなかったかもしれない。想像しただけで身の毛がよだつ思いがします。

　これは極端な例かもしれませんが、企業の実態は、蓋を開けてみないとわかりません。転職活動中は、なるべく一喜一憂しないことが肝心です。

―― Column 5 ――

楽しや海外出張 ── 外資勤務のうきうきメリット

先日、20年来の友人と語り合ったときのこと。お互いに起業し、「会社員時代の何を懐かしく思い出すか」の筆頭は、海外出張でした。

会社の経費でたまに海外に行けて週末に観光できたことは、今振り返ると贅沢なことでした。平日以外は自分の時間なので、誰にも何も言われません。海外の同僚がたくさん食事や観光地に連れて行ってくれました。

一度、シンガポールに1週間出張した後、東京に1週間戻り、またシンガポール出張だったことがありました。往復の時間がもったいないし、会社は往復チケット2回分の経費がかかります。そこで「東京へ戻る代わりにバリ島で休暇を取りたい。もちろん、シンガポールとバリ間のフライトと宿泊費は自分で払うから」と申し出たところ、当時アメリカ人社長は、即座にYESと答えてくれました。

私の友人もヨーロッパ出張の際、大好きなパリに立ち寄れるよう、週末を出張前後につけたり、休暇を数日取ったりしていたそうです。そういうゆとりを受け入れられるところが、外資の良いところかもしれません。

そして、フライトのマイレージを自分のマイレージとして使わせてもらえるのは、出張者のありがたい特典です。起業後に2回、かつての海外出張のマイレージで東京とオーストラリアをビジネスクラスで往復しました。

時差を抱えての出張には、もちろん大変なことがたくさんありましたが、振り返ると楽しいことばかりが思い出されます。

内定が出たら

—— 退職・転職への心構え

内定から入社までの流れ
―― オファーへの返事、円満退社、
そして新たな職場で

オファーをいつまで保留できるか？

　最終面接を通過すると、内定の通知があります。基本的にこの時点で、転職に成功したことになります。
　ただし、**これから何をすればいいのか、複数社から内定をもらった場合どうすればいいのか**など、考えるべきこと、やるべきことがでてきます。それらを見ていきましょう。

　内定通知を受けても「第1志望の企業からまだ連絡が来ない」「複数の企業から内定をもらった」というケースもあるでしょう。

企業からのオファーは、いつまで保留できるのでしょうか。
一般的な目安は、**一般社員で2か月、管理職で3か月が、入社まで待ってもらえる基準**になります。

そもそも外資系企業が求人を出す理由は、「ある部署の事業拡大で、すぐ応援要員が欲しい」「前任者が退職するため、後任の人材を探している」など、**早く入社して欲しいという場合が多い**です。

ときどき、日本企業に勤める方で「引き継ぎに時間がかかるので、入社まで4か月待ってください」という方がいますが、長すぎます。

もちろん、これまでお世話になった現在の職場に、後足で砂をかけるような辞め方をするのは得策ではありません。

ただ、どちらが大事かというと、新しい職場のほうです。現職に気を遣いすぎて、せっかくの内定が取り消しになっては、転職活動をしてきた意味がありません。

ですので、そのあたりはバランスを取って、なるべく新しい職場が望む期日までに入社する努力をしましょう。

どうしても難しい場合は、入社先にきちんと理由を説明し、納得してもらうことが大切です。

円満退社に向けて、上手な引き継ぎを

　転職が決まったからといって、眉をひそめたくなるような適当な引き継ぎで前職を去ることのないようにしましょう。

　前の職場に対して失礼というだけでなく、**その評判が結果的にあなたのもとへ返ってきます。**

「世間は狭い」というとおり、これから所属する外資系の世界は、多くの人が行き来し合い、人材がぐるぐると回っています。

　つまり、日本企業よりもっと狭い世界に足を踏み入れることになります。

　自分で自分の評判を落とすことのないよう、今から心がけましょう。

転職先で歓迎され、本来の力を発揮するために

新しい職場で歓迎され、仕事で活躍するために、内定が決まってからの行動でお勧めしたいことが2つあります。

まずは、**英語力の向上**です。

新しい職に就くまでの間に、できれば2週間以上の休暇を確保し、海外に英語留学することをお勧めします。難しければ、英語圏への海外旅行でもかまいません。

入社前に2週間、英語の環境に触れておくだけでも、入社時すぐに外資の企業文化に慣れることができます。

とくに、英語の環境に慣れていない方は、入社後いきなり英語を使って働くよりも、まずは休暇中に慣れておくほうがいいでしょう。

海外で刺激をもらいながら英語力も同時に磨くと、新しい職場のスタート時に、「英語は大丈夫だろうか」という不安を持たずにすみます。

もう1つのお勧めは、**現在の職場で着ていた"洋服"を脱ぐ準備期間を設けること**です。

転職する人はみな、現在の職場のシステムや人間関係、企業風土に慣れていて、そのまま新しい職場に入社すると、つい前職と比較してしまったり、「前の職場では〜」という言葉を使ってしまったりします。これは新しい職場に馴染もうとしていない、無意識の表れです。

　前職での勤務期間が長ければ長いほど、前職と比較したくなるのかもしれませんが、せっかく心機一転しようと転職活動をしたのですから、みずから新しい職場環境に溶け込む努力をしたいところです。

　外資系は個人主義とはいえ、組織における人間の集まりですので、前職との比較ばかりする方を手放しで歓迎はしないでしょう。

　入社までの期間をこれまで身にまとっていた前職の商慣習や企業文化、考え方、人間関係などの衣を脱ぐ期間にし、入社後も「前職は〜」を言わないように心がけましょう。

　私は、次の転職先が決まると、前の会社の就業規則を処分していました。「もう前の会社には属していない」と自分に言い聞かせる、1つの儀式でした。

また、入社した新しい職場で、前の会社とやりとりが違って不可思議に思っても、1年間は口にしない、とも決めていました。

　たとえば前職は米系IT企業で、コスト感覚が厳しかったとします。次の転職先では電車で6駅の距離をタクシーで移動する社員がいたり、また各部で好きな文房具を買うのを見て「購買部が一括で購入したほうが安いだろうに」と思ったりしたとしても、すぐは問題提起しないのです。

　ひとまずは自分の足元を固めることに集中し、立場が確保できたら、**批判でなく提案という形で変化を起こそうとする**のが賢明です。

> **★ 内定から入社までの間に**
> □ できれば2週間以上、海外へ
> □ 英語力を磨き、不安を消しておく
> □ 前職の企業文化をいったん忘れてしまう
> □ 前職での価値観を棚上げする

おわりに
―― 採用面接は大切なお見合いの場です

　キャリア・フェアに登壇した翌朝、このあとがきを書いています。

　昨日はたくさんの方が一生懸命、転職活動をしているのを目の当たりにして、心から応援したいと思いました。

　私自身、25年間の会社員時代に、失敗と思える転職をしていたことがあります。

　この本を手にとってくださった方は、どうかご自身の棚卸しを客観的におこなって、書類選考に受かる英文履歴書を書き、採用面接に備えてください。

　面接とは、企業側が候補者を選考するだけではなく、あなたが会社を選ぶ、大切なお見合いの場でもあります。

　私自身の経験から、職場には「合う／合わない」があると明言できます。たとえ社名が有名で一見「良さそう」な企業であっても、相性がいいとはかぎりません。

　しっかりと企業分析と自己分析をおこなって、ご自身に

合った職場を選べるよう祈っています。

おわりに

　この本の執筆にあたっては、多くの方のご支援をいただき、心より感謝しています。

　5年前、新しい道を切り拓くサポートをしてくださった志師塾・塾長の五十嵐和也社長、一緒に学んだみなさん、ありがとうございました。

　本の企画段階からお世話になりました、ネクストサービス株式会社の松尾昭仁社長、大沢治子さん、この場を借りて、厚く御礼申し上げます。

　編集の石井智秋さんには、新しい視点をアドバイスしていただき、助かりました。

　外資系企業に勤めるなかで体験した喜怒哀楽、これまでのすべてのことが、この本を作ってくれました。日本GEを皮切りに、外資系企業で出会ったすべての方とのご縁に、感謝します。

　2019年2月

鈴木美加子

著者紹介

鈴木美加子

グローバル・キャリア・カウンセラー。株式会社AT Globe代表取締役社長。ニューヨーク生まれ。お茶ノ水女子大学卒業後、日本GE株式会社に入社して人事部に配属となり「人事」のキャリアをスタート。その後、モルガンスタンレーなど外資系企業でキャリアアップ転職し、DHLジャパン株式会社の人事本部長を経て2014年に独立。AT Globeを立ち上げる。現在はおもに個人向けキャリア・カウンセリングや企業向け研修を実施。25年間の会社員時代に累計1万人の採用面接をおこなった経験、また自分自身が業界・規模・スピードの異なる企業に転職して成功だけでなく苦渋を味わったこともある実体験をもとに、国内外でのキャリアアップに関するあらゆる悩みに応えている。

やっぱり外資系(がいしけい)！がいい人(ひと)の必勝転職(ひっしょうてんしょく) A to Z(エートゥーズィー)

2019年5月5日　第1刷

著　　　者	鈴木美加子(すずきみかこ)	
発　行　者	小澤源太郎	
責任編集	株式会社 プライム涌光	
	電話　編集部　03(3203)2850	
発　行　所	株式会社 青春出版社	

東京都新宿区若松町12番1号 〒162-0056
振替番号　00190-7-98602
電話　営業部　03(3207)1916

印　刷　中央精版印刷　　製　本　大口製本

万一、落丁、乱丁がありました節は、お取りかえします。
ISBN978-4-413-23121-3 C0030
© Mikako Suzuki 2019 Printed in Japan

本書の内容の一部あるいは全部を無断で複写(コピー)することは著作権法上認められている場合を除き、禁じられています。

中学受験 偏差値20アップを目指す 逆転合格術
西村則康

邪気を落として幸運になる ランドリー風水
北野貴子

男の子は「脳の聞く力」を育てなさい
男の子の「困った」の9割はこれで解決する
加藤俊徳

入社3年目からのツボ 仕事でいちばん大事なことを今から話そう
森 憲一

他人とうまく関われない自分が変わる本
長沼睦雄

青春出版社の四六判シリーズ

たった5動詞で伝わる英会話
晴山陽一

子どもの腸には毒になる食べもの 食べ方
丈夫で穏やかな賢い子に変わる新常識！
西原克成

働き方が自分の生き方を決める
仕事に生きがいを持てる人、持てない人
加藤諦三

あなたの中の「自己肯定感」がすべてをラクにする
原 裕輝

幸運が舞いおりる「マヤ暦」の秘密
あなたの誕生日に隠された運命を開くカギ
木田景子

48年目の誕生秘話 「太陽の塔」 岡本太郎と7人の男たち 平野暁臣	執事が目にした! 大富豪がお金を生み出す時間術 新井直之
薬を使わない精神科医の 「うつ」が消えるノート 宮島賢也	7日間で運命の人に出会う! 頭脳派女子の婚活力 佐藤義典
モンテッソーリ流 たった5分で 「言わなくてもできる子」に変わる本 伊藤美佳	お客さまには 「うれしさ」を売りなさい 一生稼げる人になるマーケティング戦略入門 佐藤律子
お坊さん、「女子の煩悩」 どうしたら解決できますか? 三浦性曉	あせらない、迷わない くじけない どんなときも「大丈夫」な自分でいる38の哲学 田口佳史
僕はこうして運を磨いてきた 100人が100%うまくいく「一日一運」 千田琢哉	スキンケアは「引き算」が正しい 「最少ケアで、最強の美肌」が大人のルール 吉木伸子

青春出版社の四六判シリーズ

- 100歳まで歩ける「やわらかおしり」のつくり方　磯崎文雄
- ここ一番のメンタル力 小心者思考 その強さの秘密　最後に勝つ人が持っているものは何か　松本幸夫
- 「ことば力」のある子は必ず伸びる！　自分で考えてうまく伝えられる子の育て方　髙取しづか
- 中学受験 見るだけでわかる社会のツボ　馬屋原吉博
- 男の婚活は会話が8割　「また会いたい」にはワケがある！　植草美幸

青春出版社の四六判シリーズ

- 変わる入試に強くなる 小3までに伸ばしたい「作文力」　樋口裕一　白藍塾
- 防衛大式 最強のメンタル　心を守る強い武器を持て！　濱潟好古
- マンガでよくわかる 逆境を生き抜く「打たれ強さ」の秘密　岡本正善
- 中学受験は親が9割 最新版　西村則康
- 100人の女性が語った！ もっと一緒にいたい 大人の男の会話術　言葉に艶がある人になら、口説かれてもいい　潮凪洋介

**発達障害とグレーゾーン
子どもの未来を変える
お母さんの教室**
吉野加容子

すごい恋愛ホルモン
誰もが持っている脳内物質を100％使いこなす
大嶋信頼

**「あ〜めんどくさい！」と思った時に読む
ママ友の距離感**
西東桂子

**永遠の美を手に入れる8つの物語(ストーリー)
エタニティー・ビューティー**
カツア・ワタナベ

**ボケない人がやっている
脳のシミを消す生活習慣**
アメリカ抗加齢医学会"副腎研究"からの大発見
本間良子　本間龍介

青春出版社の四六判シリーズ

**子どもの「集中力」は
食事で引き出せる**
気を引き締める食　ゆるめる食の秘密
上原まり子

**医者が教える
女性のための最強の食事術**
松村圭子

**ずっとキレイが続く
7分の夜かたづけ**
これは、すごい効果です！
広沢かつみ

**世界的な脊椎外科医が教える
やってはいけない
「脊柱管狭窄症」の治し方**
白石建

**かつてないほど頭が冴える！
睡眠と覚醒　最強の習慣**
三島和夫

マッキンゼーで学んだ感情コントロールの技術
大嶋祥誉

時空を超える運命のしくみ
望みが加速して叶いだすパラレルワールド〈並行世界〉とは
越智啓子

すべてを手に入れる最強の惹き寄せ「パワーハウス」の法則
もはや、「見る」だけで叶う！
佳川奈未

金龍・銀龍といっしょに幸運の波に乗る本
願いがどんどん叶うのは、必然でした
TomoKatsu／紫瑛

ほめられると伸びる男×ねぎらわれるとやる気が出る女
95％の上司が知らない部下の取扱説明書
佐藤律子

青春出版社の四六判シリーズ

「私を怒らせる人」がいなくなる本
園田雅代

子どもの「困った」が才能に変わる本
わがまま、落ち着きがない、マイペース…
"育てにくさ"は伸ばすチャンス
田嶋英子

手のしびれ・指の痛みが一瞬で取れる本
ヘバーデン結節、腱鞘炎、関節リウマチ…
富永喜代

受かる小論文の絶対ルール 最新版
採点者はここを見る！
試験直前対策から推薦・AO入試まで
樋口裕一

スマホ勉強革命
脳科学と医学からの裏づけ！
記憶力・思考力・集中力が劇的に変わる！
吉田たかよし

お願い　ページわりの関係からここでは一部の既刊本しか掲載してありません。折り込みの出版案内もご参考にご覧ください。